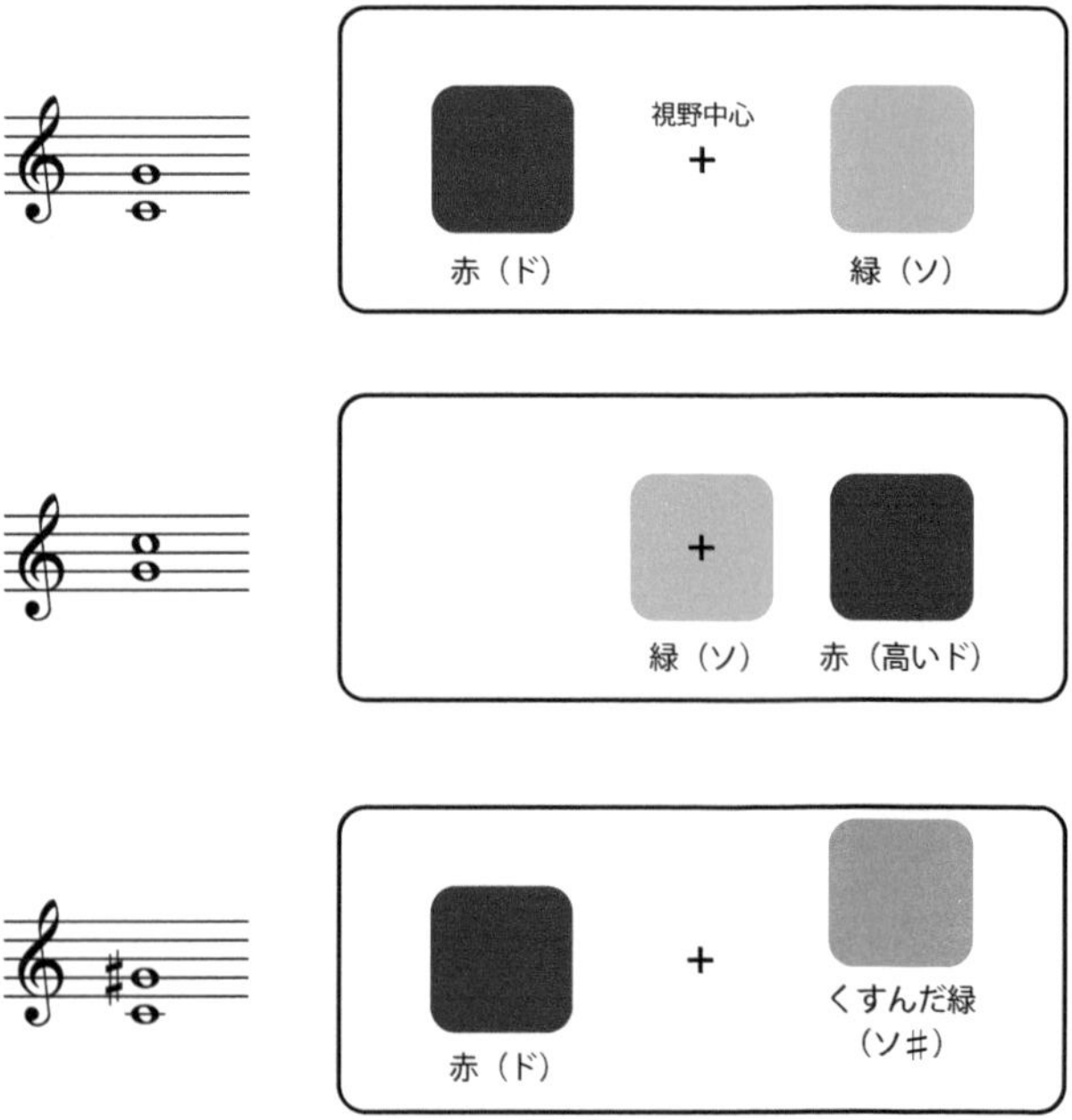

口絵１　共感覚者Ｆさんは音が聞こえると目の前に色が見える。ドは赤、ソは黄緑に近い緑、ソ♯はソの色がくすんだ色だ。低い音は視野の左側、高い音は右側に見え、♯や♭がつく黒鍵の音は上方にずれる。

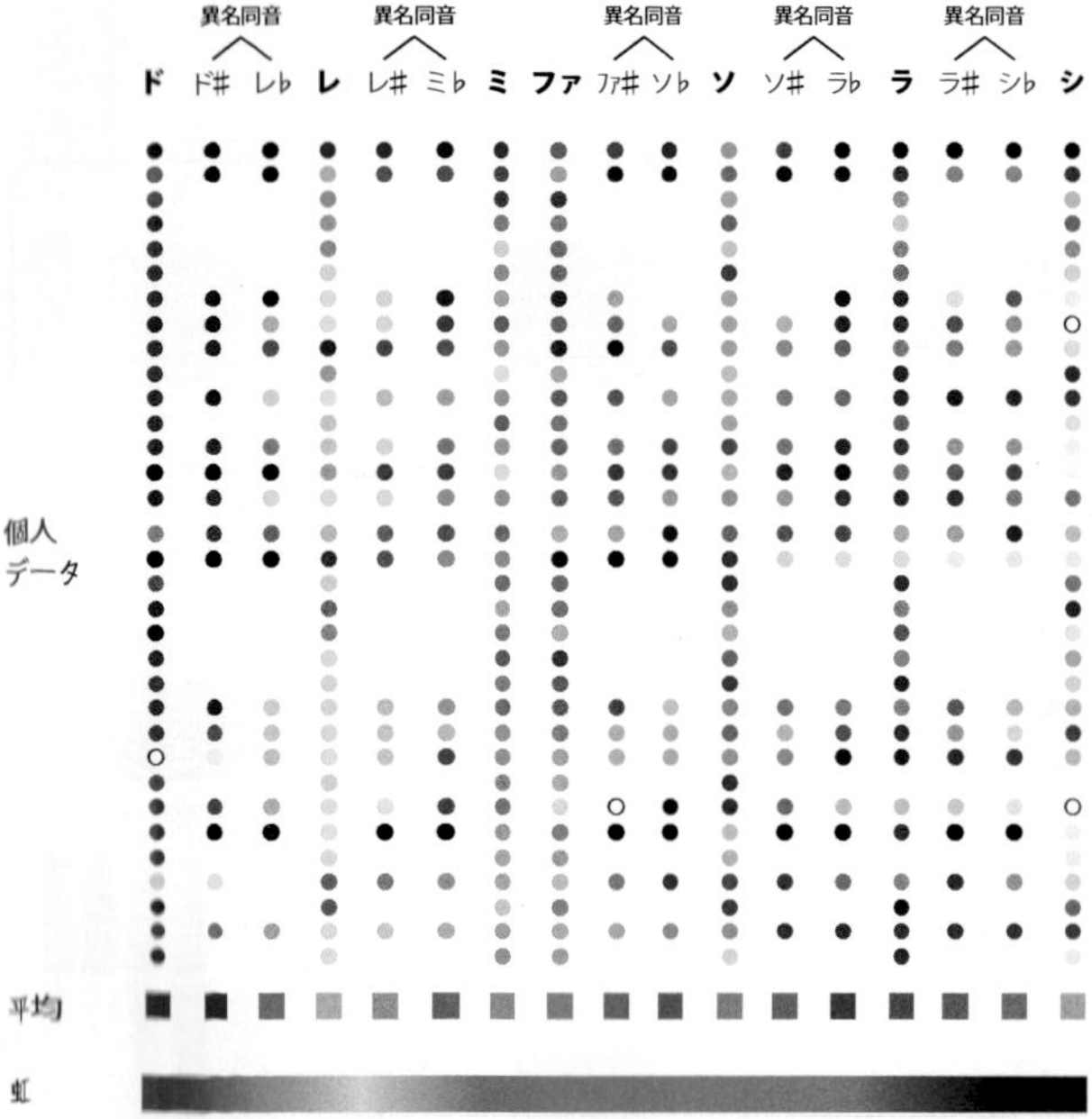

口絵2　共感覚者がドレミに感じる色。横向き一行が一人分の結果で、それが33人分積み重なっている（黒縁の白い丸は「白」で、色を感じない音には丸がない）。全員分の色を平均した色を、個人データの下に四角で示した。この平均色は、まるで虹のグラデーションのようだ。

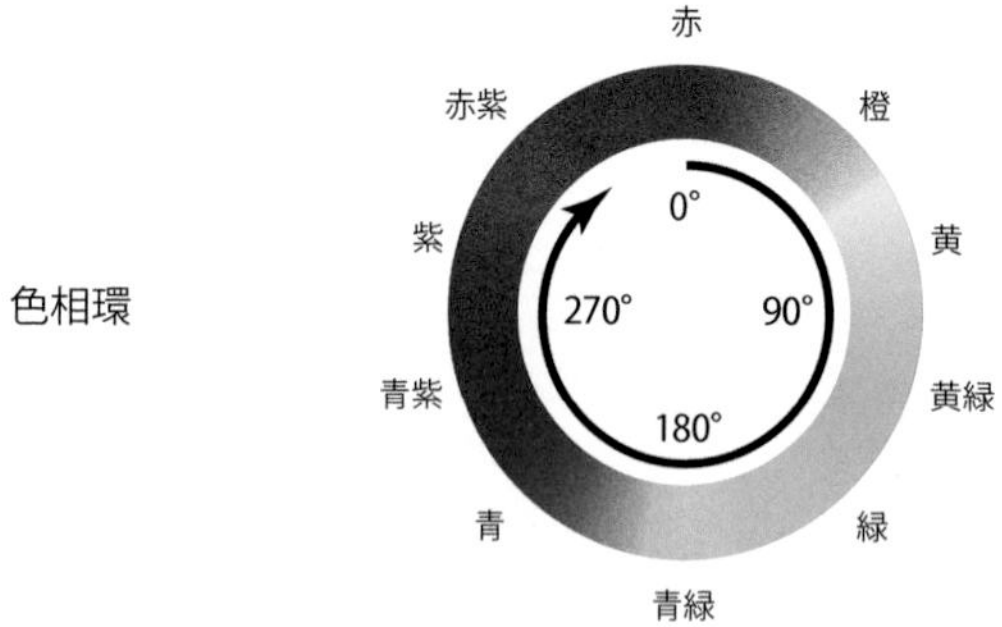

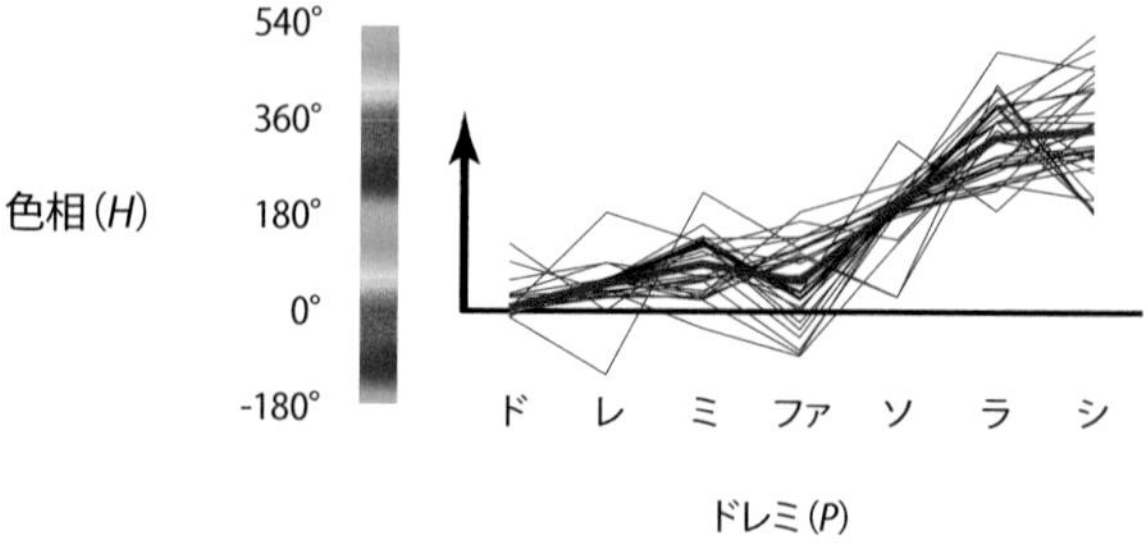

口絵3　上：色相は円状に変化するので、角度で表せる。ここでは赤を原点の0°とした。下：ドレミファソラシの共感覚色の色相を角度に置き換えてグラフにしたところ、右肩上がりの直線となった。つまり、ドレミファソラシの色は色相環に沿って回転している。青い細線は共感覚者ひとりひとりの選んだ色で、赤い太線は平均色。

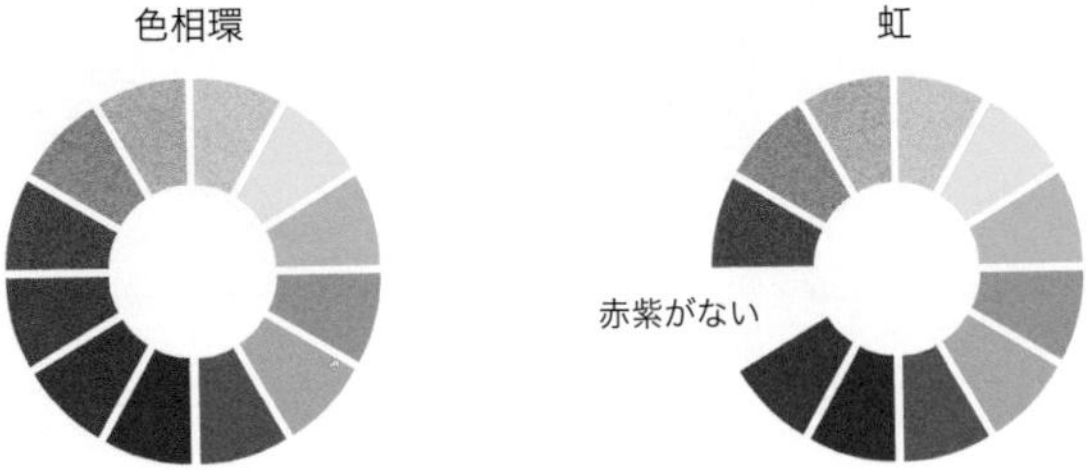

口絵4　（上）　ピンク・フロイドの『狂気』（原題The Dark Side of the Moon）のカバーには、六色の虹が描かれている。欠けているのは何色だろうか？（写真提供　著者）

口絵5　（下）　色相環において、赤紫は赤と紫が混色されて初めて得られる色である。そのため、単色光の集まりである虹のスペクトルに赤紫はない。

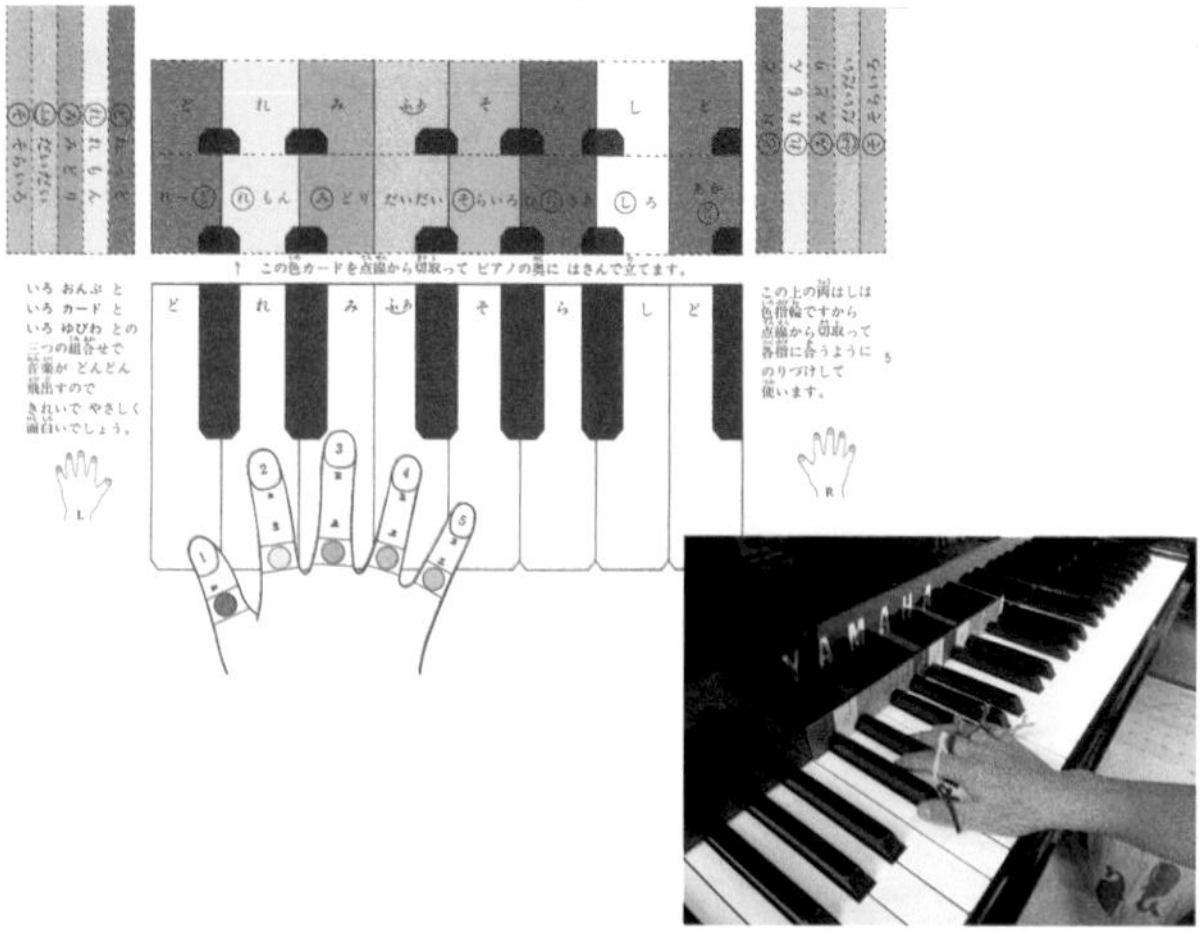

口絵6　たなかすみこの「いろおんぷ法」では、鍵盤と指に色を付けることでドレミを覚える。（左上：たなかすみこ『いろおんぷばいえる』、右下：ピアノ教室クレッシェンド〈兵庫県伊丹市〉）

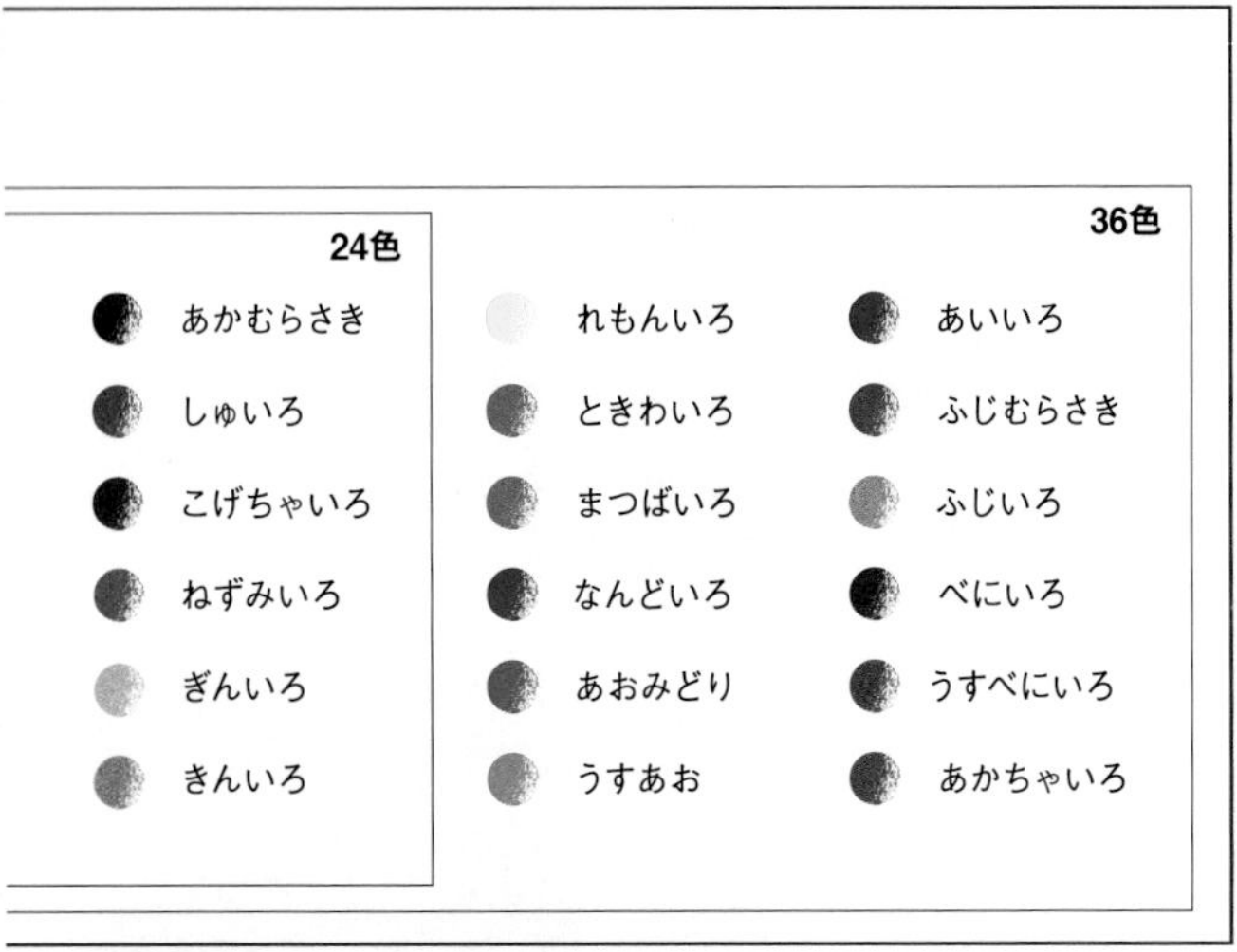

口絵7　（上）　色鉛筆のセットでは、序列の高い色が優先して入れられる。
（写真提供　トンボ鉛筆）

トンボの色鉛筆セット内容

色鉛筆のセット内容は、以下のようになっています。※「色辞典」シリーズは除く。

12色		
きいろ	ももいろ	しろ
きみどり	あか	やまぶきいろ
みどり	だいだいいろ	おうどいろ
みずいろ	うすだいだい	ふかみどり
あお	ちゃいろ	ぐんじょういろ
むらさき	くろ	すみれいろ

口絵8　（下）　赤と青の二色の色鉛筆では、序列の高い赤の使用頻度が高いため、このように赤の長い商品が開発された。（写真提供　トンボ鉛筆）

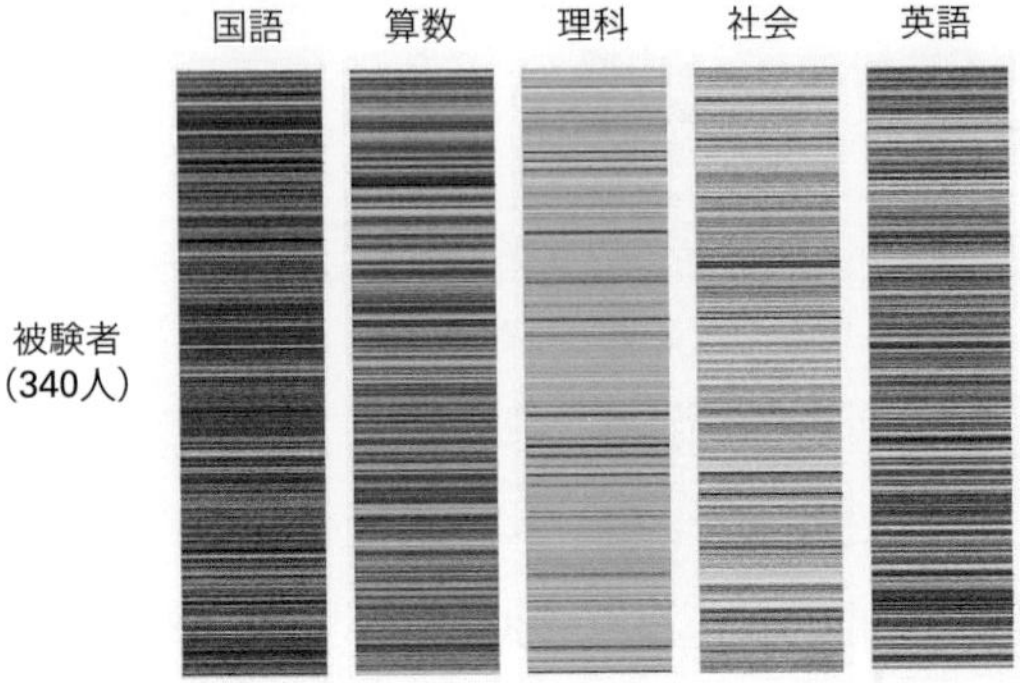

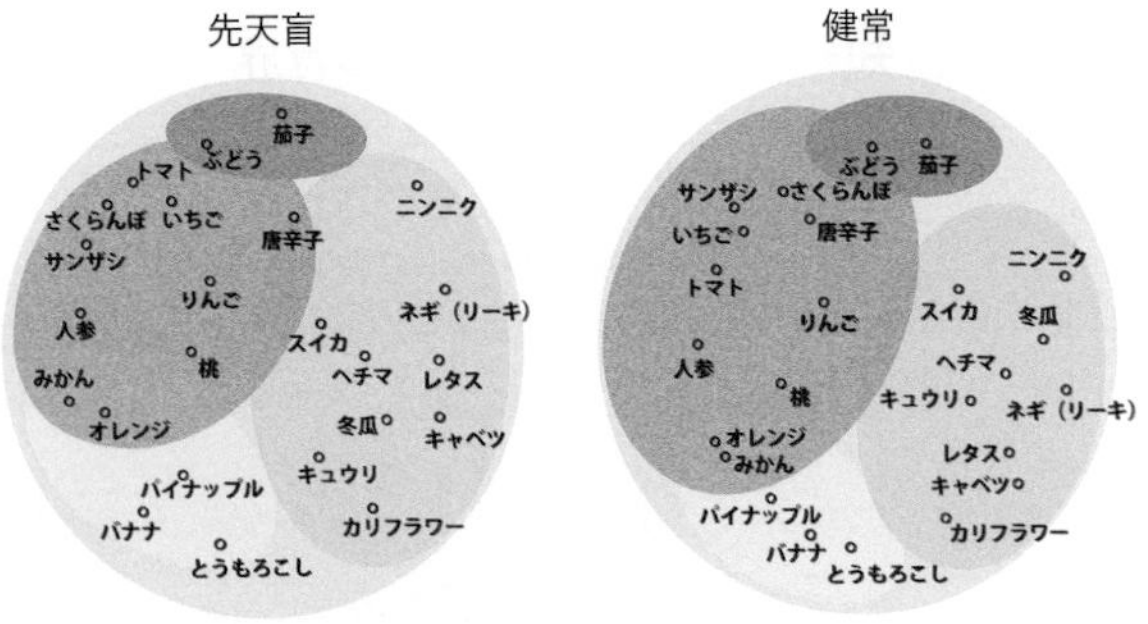

口絵9　(上)　大学生を対象に、教科に合う色をカラーピッカーで自由に選んでもらったところ、はっきりした色分けが得られた（一本一本の線が、ひとりの被験者の選んだ色）。

口絵10　(下)　色の近いものほど近い距離になるように図示すると、先天盲と視覚健常者における色の認知はよく似通っている。

Wang X, Men W, Gao J, Caramazza, & Bi. Two forms of knowledge representations in the human brain. Neuron 107, 1-11, 2020 より許諾を得て改変

ドレミファソラシは
虹の七色？

知られざる「共感覚」の世界

Kosuke Itoh
伊藤浩介

光文社新書

はじめに

「その音はもっとオレンジ色に‼」

マエストロ・佐渡裕は指揮台で叫んだ。マーラー作曲交響曲第九番の第三楽章のリハーサル中のことである。音をオレンジ色にとは、どういうことだろう？　オーケストラの一員としてクラリネットを演奏していた当時大学四年生だった私は、意味がさっぱりわからなかった。さすがカリスマ指揮者の言うことは違う、とにかく要求に応えなくてはと、まず頭の中でオレンジ色を思い浮かべた。そして口の周りの筋や息の圧力を調整し、「オレンジ色の音」を出そうと、わけもわからず努力してみた。しかしマエストロは無言のまま練習は先に進み、それから何年も、「オレンジ色の音」のことなどすっかり忘れていた。

今となって思い返せば、これが私と共感覚との初めての出会いだった。共感覚とは、音や文字から色を感じるといった不思議な脳の現象である。認知脳科学者として音楽と脳の研究をするようになってこの現象を知り、そこで振り返って初めて、マエストロが共感覚の持ち主（共感覚者）であったことを理解した。そして、「音楽を聴くと心の中で色が動くのが見える」と語ったオリヴィエ・メシアンのほか、フランツ・リストやジャン・シベリウスなどの作曲家や、バイオリン奏者のイツァーク・パールマン、ロックギタリストのエディ・ヴァン＝ヘイレンなど、古今東西、音楽家には共感覚者が意外に多いことも知った。

共感覚のない自分にはどう逆立ちをしても実感できない知覚世界に憧れを抱き、同時に研究者としての好奇心が芽生えた。耳から入った音が、眼から入るはずの色の感覚を引き起こす。これは我々の知る脳の仕組みでは、うまく説明できない。もしこの現象が本当なら、今の脳科学の常識は修正が必要だということだ。共感覚には、脳の謎に迫るヒントが隠れているかもしれない。

以来、百人を超える共感覚者から話を聞いてきた。その感覚世界は、想像をはるかに超える不思議なものだった。

Tさんには初対面で「先生はピンクです」と言われ、不意打ちをくらった。（なぜ、ピンク？　女子っぽいのだろうか？　それともピンク街の連想？）気を取り直して実験に戻り、いろいろな色のカードを見せていたら、今度は「ラがありませんでしたね」と指摘されて呆気《あっけ》にとられた。色の移り変わりにメロディーを感じていたのだ。

Ｙさんは、完全五度の音程を聞くと立体図形が思い浮かぶ。そして、その図形を反対側から見ると、完全四度の図形になる（図４・９、１２６ページ）。あとで説明するように音楽では完全五度と完全四度は表裏一体の関係なので、同じ立体図形を表や裏から見ると五度になったり四度になったりするのは、極めて合理的だ。奇想天外な現象のなかにも、意外と論理的に説明できる側面もあることに、研究心を刺激された。

Ｆさんは、聞こえる音の高さに応じて様々な色が目の前に出現する。例えば、テニスのラケットでボールを打ち返すと、その打音に「青」が見える。そして、「テニスコートは緑色でボールは黄色なのに打音が青なんて、色の組み合わせが気持ち悪いです」と、テニスをやめてしまった。彼女は、こんなメールも送ってくれた。

例えば、「十」だったら増加するとか、いいイメージなので赤です。反対に「一」は減少とか、あまりいいイメージではないのですぐに青が出てきます。他にも、言われて気付いたのですが、漢字には色があると思います。「左」は青で、「右」は赤といった感じで、もし色が反対だったら落ち着かないです。
でも、わたしが思うに、そんな感覚はみんな持っていますよね??

いや、そんな感覚は自分にはない、と多くの方が思われるだろう。共感覚は、自分とは関係のない、珍しい現象なのだ。

しかし、本当にそうだろうか？

音色という言葉がある。なぜ、音なのに「色」と言うのだろう。声色という言葉もそうだ。声に色などあるはずない。それなのに、黄色い声援という表現が、何故かしっくりくる。TVのスーパー戦隊シリーズのリーダーは、いつも赤い衣装を着ている。青い化粧室は男性用だが、実際の男の人が青いわけではない。あらためて周りを見回すと、「色々」なものや概念に、色が付いている。そもそも、「色々」という言葉が不思議だ。色々な人、色々な意見などといった表現は、人や意見が様々な色に色分けされていることを暗示している。

人はみな、潜在的な共感覚者である。

そんな見方がある。自覚できないほどの弱い共感覚なら、私たちはみな持っているというのだ。本当だろうか？

筆者の共感覚研究は、「オレンジ色の音」のような不思議な現象に対する純粋な好奇心から始まった。最初は、貴重で珍しいものを調べているつもりだった。しかし程なく、その背後には、誰にも関係のある広くて深い問題が横たわっていることに気が付いた。

本書は、ドレミファソラシが虹の七色になるという、筆者の発見した共感覚の現象をもとに、音階がなぜ色を持つのか、そしてなぜそれが虹色になるのかという問題の答えを探る知的な探検である。

幸いにも、答えはまだ出ていない。なぜ幸いかというと、（少なくとも私のような科学者にとって）科学は答えが出ていないからこそ面白いからである。頭をひねり実験をすると少しずつ答えが見えてくる、その過程こそが科学の醍醐味だ。本書はそうした営みの途中経過の記録であり、したがって、ここに書いてあることが必ずしも正解とは限らない。読者の方も本書を読み進めながら、なるほどそうか、しかしそこは違うだろうと、頷《うなず》いたり批判をしたりしながら、一緒に考えることを楽しんで欲しい。

第一章は、共感覚とは何か、従来の〝古典的な見方〟に沿って紹介する。共感覚という言葉は、少しずつ広く知られるようになってきたが、イメージばかりが先行して誤解も多い。

そこで、共感覚について基本的な事項を整理しておいた。

第二章では、共感覚とは本当は何なのか、あらためて学術的に問う。共感覚をどう定義するかはとても難しい問題で、実は、研究者の間でも決着がついていない。ここでは、第一章で紹介した〝古典的な見方〟とは異なる、〝新しい見方〟を提案する。これは、共感覚の定義を圧倒的に拡大しようとするもので、その真意は本書を最後まで読めばわかる。

第三章では、ドレミファソラシが虹の七色（のよう）になる共感覚について、詳しく紹介する。数十人の共感覚者を集めて調べたところ、ドレミファソラシの七音が虹の七色に順序良く対応する不思議な現象を発見した。あまりにもよくできた美しい結果で、自分自身も当惑したほどだ。そして、なぜドレミファソラシが虹色になるのか、理由がさっぱりわからない。

この謎を解く鍵は、七という数にあると見定めた。音階は七音で、虹も七色。なぜこの数が一致するのかがわかれば、きっと視界が開ける。

そこで第四章では、なぜ音階が七音なのか考える。音階とは、一オクターブの範囲の連続的な音高から、いくつかの音高をとびとびに選び出したものだ。坂道に段を刻んで階段にするのと似ている。このとき音階音の数はいくつでも良さそうなものだが、なぜ七つなのか。

これには、ヒトの耳（蝸牛《かぎゅう》）や脳の仕組みがかかわっている。

次に第五章では、虹がなぜ七色なのか考える。その答えは、万有引力の法則で有名なあのニュートンがそう決めたから、という拍子抜けするものだ。ではなぜニュートンがそうしたかというと、音階が七音だからである。ここで、ドレミファソラシと虹がつながった……かに見える。しかし、ニュートンは間違っていたし、ニュートン自身もそのミスには気付いていたのだ。するとここで、問題は振り出しに戻ってしまう。

そこで第六章では、なぜ音階が虹色になるのか、筆者独自の仮説を説明する。レが黄色でソが青色なのは『ドレミのうた』で説明できそうだし、他の様々な可能性も考えられるが、どれも決定打に欠ける。最も有力な説明は、色には序列があり、音階の音にも序列があり、この序列を介して音階に色が付くというものである。もっともこれだけでは意味がわからないだろうから、ぜひ本文をご覧頂きたい。

第七章では、色とは何か、あらためて考える。色々な人、色々な考え、という表現があるように、我々の脳は、物や概念を色分けするのが大好きだ。運動会ではチームを紅白に分け、アイドルグループにはメンバーカラーがあり、競馬の枠順には色があり、多くの大学生が算数は青で、理科は緑だと感じている。これらはどれも、色のないはずのものに色を付けているのであり、共感覚の世界を垣間見るような現象だ。

そして、この概念の色分けには、最大で七色までという「七の壁」がある。音階が七音で、虹も七色なだけでなく、世界の七不思議、七福神、春や秋の七草、白雪姫の七人の小人や、七味唐辛子に至るまで、なぜこれほど多くのものが七つなのか、その答えがここにある。

ここまでたどり着いてやっと、何年も気になっていた「先生はピンクです」の本当の意味がわかった気がした。

ドレミファソラシは虹の七色？　目次

第一章
共感覚とは何か？　23

第三章

ドレミファソラシは虹の七色？ 71

第六章 ドレミファソラシはなぜ虹色か？ 171

第七章
七の壁

第一章

共感覚とは何か？

共感覚者に会ってみた

二十年ほど前のこと。絶対音感の研究をしていたつながりから、共感覚のある人をたまたま何人か紹介してもらうことがあった。また、被験者に来てくれた学生に、「わたし、音に色が見えるんです」とカミングアウトされることもあった。面白そうだと思って詳しく話を聞いてみることにしたのが、筆者の共感覚研究のはじまりである。

共感覚とは、音や文字に色を感じたり、色から音を感じたり、味から形を感じたりする現象のことである。つまり、刺激に含まれていないはずの感覚を感じるというのだ。そんなことが本当にあるのだろうか？　共感覚についてほとんど何も知らなかった筆者にとって、すべてが新鮮だった。「へー！」とか「はぁ!?」とか言いながら、ひたすらメモを取った。

大学生のFさんは、二歳からピアノを始めたこともあって、正確な絶対音感がある。つまり音を聞けばすぐに音名がわかるのだが、それと同時に、目の前の風景をクレヨンでバーッと覆うように塗った感じに色が見えるのだそうだ。何色が見えるかは音の高さによる。例えばドなら赤が見え、レならば黄色、ミはオレンジ、ファは青、ソは黄緑に近い緑である。テニスラケットでボール打つ打音がファなら、プレー中にボールを打つたびに青が見える。

この色は、高い音ほど視野の右の方に見える。例えば鍵盤の真ん中のドとそのすぐ上のソが同時に鳴り「ドソ」が聞こえると、視野の左側に赤（＝ド）、右側に緑（＝ソ）が見える（口絵1）。そしてドが1オクターブ上がり「ソド」の組み合わせになると、左視野には何もなくなり、中心に緑（＝ソ）、右に赤（＝高いド）が見える。シャープ（♯）やフラット（♭）の付いた黒鍵の音は、水平線より少し上の方にずれて見える。音を聞くだけではなく、楽譜を見ても音符に色が付いて見えるし、数字や文字などにも色がある。例えば3は緑であり、333という数字は緑色の3が並ぶので〝すごく緑〟に感じられる。

医師Kさんも音に色があるが、Fさんのように目の前の風景に投影されるのではなく、あくまでも心の中のイメージとして感じられる。ドは赤、レは黄、ミはオレンジ、ファは青、ソは緑というふうに、音と色の対応はFさんとよく似ている。また、高い音ほど（心の中の）視野の右方に出現し、黒鍵の色は少し上の方に出るのもよく似ている。

Kさんにとって、「ファラド」の和音は左から青・赤紫・赤という並びだが、この色の変化にはグラデーションのような連続性があって好きだ。また「ドミソ」は左から赤・オレンジ・緑と並び、真ん中のオレンジが左右の赤と緑を遮ってくれるのがいい感じで好ましい。ただしこれが、「ド・ミ♭・ソ」の和音になると、ミ♭のくすんだオレンジ色が上の方に行ってしまい、赤と緑が遮断できなくて好ましくない。こうして、視覚的な印象が、和音の好みに直結している。

また、音には個性があって、ドとラは〝やる気がある〟ので色が鮮やかだが、ファやファ＃やシは〝やる気がない〟ので、遠くで聞こえたり細く聞こえたりする。ピアノの音色は、水に色を溶かしたような澄んだ色で、オーボエやファゴットのようなダブルリード楽器の音色は濁っている。

音楽大学に勤めるＴさんは、音に対して色のイメージが浮かぶだけでなく、色から音を感じる逆向きの共感覚もある（音から色を感じる共感覚と比べて、色から音を感じる共感覚はかなり珍しい）。例えば、日差しを浴びた桜の若葉の色からは、弦楽器のＧ（ソ）の音のトレモロが聞こえる。日本語の五十音表にも色があり、「あかさたな」のあ段は赤、い段は黄色、う段は無彩色（灰色）、え段はオレンジ、お段は青だ。また、松たか子は緑、連続ＴＶ小説「てるてる家族」の岩田冬子（石原さとみ）は白のように、人物にも色がある。そこで調子に乗って、筆者にも色があるか聞いてみたら、ピンクだった次第である。

いろいろな共感覚

共感覚には、とても多くの種類がある。

なかでも、音から色を感じるタイプの共感覚を、色聴《しきちょう》という。ただ、単に色聴と言っても、色を感じる対象は、単音の音高だったり、和音の響きだったり、調性だったり、楽器の音色だったりと様々だ（ひとりの共感覚者が、これらすべてに色を感じるとは限らない）。また、音から引き起こされる感覚は色に限らず、幾何学的な形、つぶつぶなどのテクスチャー、回転などの視覚イメージなどの場合がある（図1・1、次ページ）。

音以外の感覚によって起こる共感覚もあり、その代表が文字に色を感じる色字《しきじ》共感覚だ。欧米ではＡＢＣなどのアルファベット、日本では平仮名や片仮名に色を感じるのが典型的である。ノーベル物理学賞の受賞者で、『ご冗談でしょう、ファインマンさん』などのエッセイでも人気の物理学者リチャード・ファインマンは、数式のnやxといった変数に色が付いて、講義室の空中を漂って見えたという。

文字が色を持つ仕組みはわかってないが、日本語では、「あ」と「ア」の色が同じになりがちなことから、文字の形というより、読みが色と結びついていることがわかる。数も同様

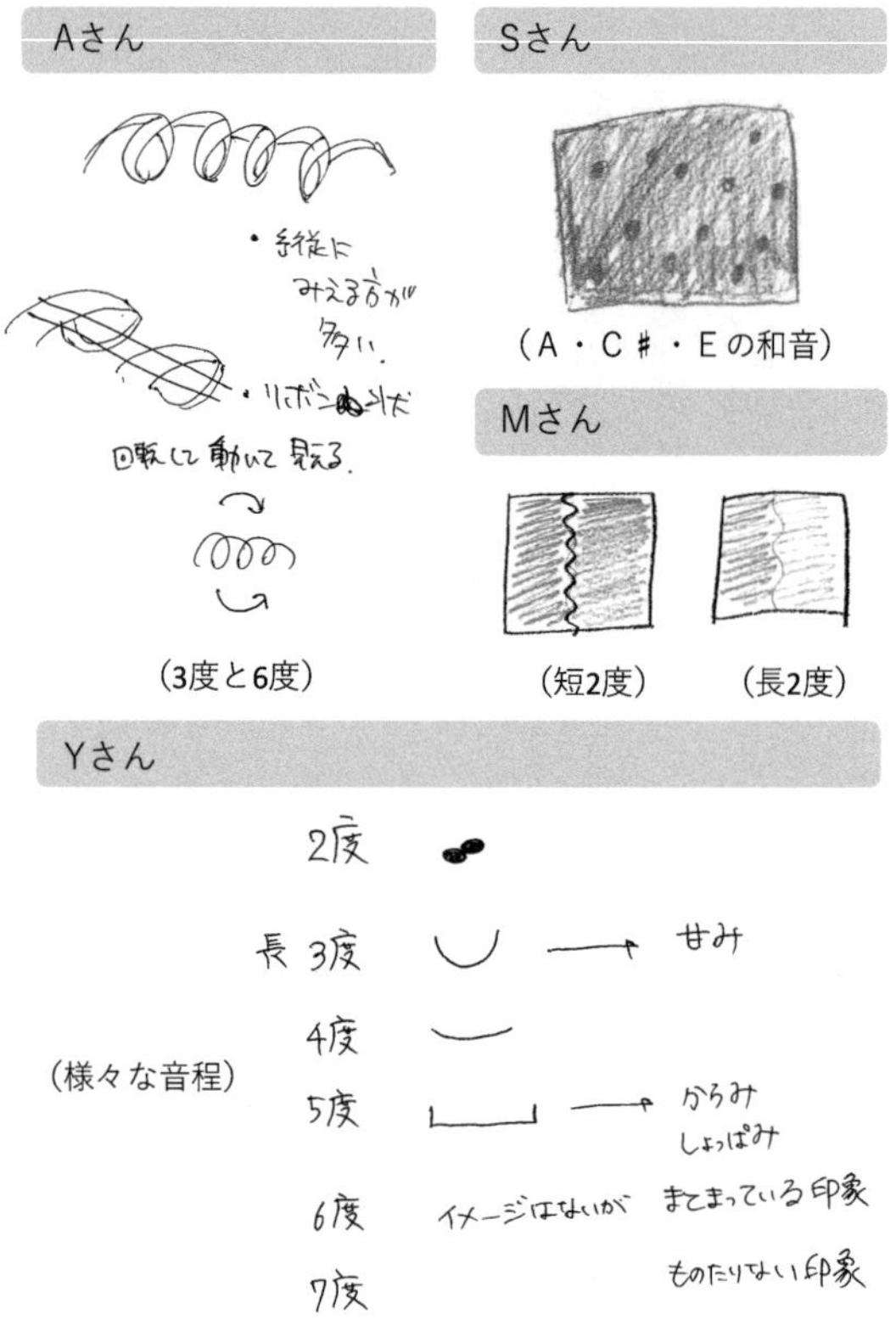

図1・1　音程や和音についての共感覚。Aさんは、3度や6度の音程を聞くと、新体操のリボンのようなものが回転する。Sさんが、A、C♯、Eの和音を聞くと、オレンジ色のキャンバスに赤い点々が乗っている感じに聞こえたが、しばらくたってもう一度聞いたら、点々はなかった。Mさんにとって、短2度は真ん中で区切りがあるが、長2度はなめらかに連続している。Yさんは音程に形や味を感じる。（すべて本人による描画）

で、数字の図形的な特徴ではなく、数の概念に色が付いているので、仮に7が黄色だとすると、「2＋5」は黄色に感じられるのである。その他、数字や曜日に色がある共感覚や、匂いや味に色や形を感じる例もある。円や三角形などの幾何学図形や、都道府県に色がついている人もいる。

こういった様々な共感覚をすべて数え上げると、いったい全部で何種類あるのかと聞かれることがあるが、それは分類の仕方によるので簡単には答えられない。ただ、確実に言えるのは、その数は増える一方だということだ。研究が進むにつれて、次々と新しいタイプの共感覚が発見されるからである。例えば、比較的新しく記載されたものに、平泳ぎやクロールといった水泳の型に色を感じる共感覚がある。また本書で紹介するドレミファソラシと色が結びつく共感覚も、筆者が数年前に初めて報告したものだ。もしかすると、あなたの感じている感覚が、まだ学術界に知られていない新しい共感覚だということも十分にあり得るのである。

共感覚は病気ではない

共感覚のある人は、物心がついた頃からずっとこのような感覚とともに生きている。だから、この感覚をまったく不思議とは思っておらず、他人が同じように感じていないことを知ると、逆に、たいそう驚くことになる。そして、自分にとってあまりにも当然なことが周りに理解されず、さらには怪訝な顔をされたり変人扱いされたりすると、もしかすると自分は異常ではないかと不安になってしまう。

このようなメールを、神戸の方から頂いた。

> バッハのトッカータとフーガ・ニ短調を聴くと、薄い琺瑯《ほうろう》をパリパリと食んでいる気持ちになりラザニアの味がします。時々粉チーズが降りかかります。オルガンの音はミルクレープやクロワッサンの咀嚼《そしゃく》感であることが多いです。（中略）自分の中に傷だらけのホワイトタイガーが棲《す》んでいるみたいで、常にコントロールしてあまり表に出さないよう、他人に気がつかれないように、場合によっては圧殺しておかなければならないやっかいなもの。けったいな才能と罵倒され、時に羨望と睥睨《へいげい》に塗《まみ》れて、他人から妬《ねた》みと

侮蔑を綯交《ないま》ぜにして投げつけられる感覚。この感覚に共感覚という名前があったなんて、そして、この感覚を大切にして良いと言われる日が来るなんて、そんなことも識《し》らずに今まで生きてきたなんて、吃驚《びっくり》することばかりです。

こうした窮屈な思いは、無用なものだ。同じ音楽を聴いても、感じ方はひとりひとり違う。共感覚も同じで、本人が世界をどのように感じるかという主観の問題に過ぎない。確かに、（あくまでも想像だが）共感覚があまりに強いと日々の刺激の多様さに疲れるかもしれない。しかし、共感覚そのものは健康を損ねる病気ではなく、ましてや他人に危害を加えるものではない。個性として、ポジティブにとらえてみてはどうだろう。

実際、共感覚の感性が、芸術の創造性につながる例は多いのである。

共感覚と美術・文学

『ひまわり』で有名な画家フィンセント・ファン・ゴッホには、おそらく共感覚があったのだろう。同時代の画家を評して、ジャン＝フランソワ・ミレーは荘厳なオルガン、オノレ・

ドーミエはバイオリン、ポール・ガヴァルニはピアノのようだと語る感性が、いかにも共感覚的だ。また絵画での色の使い方を研究するために、ピアノを習い始めたというのが面白い。ただ、レッスンではファン・ゴッホが音をあまりにも執拗に色と結びつけるので、ピアノ教師に頭がおかしいと思われて破門されてしまったという、いかにも彼らしいオチがつく。

　抽象絵画の先駆者であるワシリー・カンディンスキーも、音や音楽から色や形を感じ、また逆に、色や絵画から音を感じる共感覚者だった。彼は三十歳で大学での法学の教授職を捨てて画家として再出発をしたが、その転身のきっかけはボリショイ劇場でリヒャルト・ワーグナー作曲のオペラ『ローエングリン』を鑑賞していて、眼の前に色や線が出現した体験である。子供の頃から絵の具の色を混ぜるとシーという音が聞こえたそうだから、もともと素質があったのだろう。彼にとって絵画と音楽が分かち難いものだったことは、自作の絵画に improvisation や composition といった、まるで音楽作品のような題名を付けたことからも窺える。

　彼が教師を務めたバウハウス[*1]での興味深い逸話がある。カンディンスキーにとって、円が赤、四角が青、三角が黄なことはあまりにも自明で、学生にも当然のようにそう教えていた。しかし、それには納得がいかないとの意見が出て、学校中でアンケートを取る事態となったのだ。教え子たちは大人しく（?）カンディンスキーの言う通りに回答したが、パウル・クレーやオスカー・シュレンマーといったカンディンスキーの同僚は、違う色を答えたという。

文学では、『ロリータ』で少女性愛を描いたロシアの作家ウラジーミル・ナボコフが、共感覚者として有名だ。子供の頃にアルファベットのおもちゃの色が間違っていると母親に文句を言ったエピソードが残るほか、いくつかの場で自らの共感覚について雄弁に語っている。作品中にも共感覚を示唆する表現が散見され、例えば小説『ベンドシニスター』の主人公クルークにとって、〝忠誠〟という言葉は、すべすべで淡黄色の絹の上で日差しを受ける金のフォークを思い起こさせるのである。

松尾芭蕉は、「海暮れて鴨《かも》の声ほのかに白し」と詠んだ。Ａは黒、Ｅは白、Ｉは赤……という書き出しで始まるアルチュール・ランボーの『母音』や、音や香りや色の異種感覚が混じり合うシャルル・ボードレールの『交感』は、共感覚的な世界を表現した詩として知られる。

ただ、彼らが共感覚者かどうかは厄介な問題だ。ナボコフと違い、芭蕉やランボーやボードレールには、彼らが共感覚を持っていたことを確認できる逸話や資料が残っていない。「鴨の声ほのかに白し」といった表現を生む感性は、共感覚というより、文学的な才能とみなすのが一般的だと思う。ただ、文学的感性と共感覚の間に境界線を引くのは案外難しいとも思うが、どうだろう。

共感覚と音楽

音楽と共感覚は、とくに相性が良いようである。共感覚のある音楽家は、枚挙にいとまがないほど多いのだ。

超絶技巧のピアニストとして一世を風靡し、作曲家としても数々の名曲を残したフランツ・リストは、自ら指揮するオーケストラ団員に「皆さん、お願いですからもっと青く！　この音にはそれが必要なんです！」と懇願した有名な逸話がある。リストのような共感覚者にとって、音楽は単なる音ではなく、色彩と不可分に融合している。レナード・バーンスタインも、青少年向けの音楽会『ヤング・ピープルズ・コンサート』で、作曲家がオーケストレーションで楽器を選ぶのは色を選ぶようなものだと語っている。まさに、楽器によって音「色」を選んでいるのだ。

バーンスタイン以上に強く色を意識して作曲したのが、オリヴィエ・メシアンだ。メシアンは、移調の限られた旋法[*2]という概念を提唱して作曲の基礎としたが、そこでは七種ある旋法とその移調はそれぞれ異なる色彩を持っていた。例えば、第三旋法の第一移調はミルクのような白いハロー（円光）を伴うオレンジ色で、オパールのようなわずかな赤斑がある。

ただ、メシアンの曲を聴いて、どのような色彩を感じるか（あるいは感じないか）は聴き手次第であって、必ずしも作曲者の意図通りになるとは限らない。このことにはメシアンも気付いていたのではないかと思うのだが、もどかしくなかったのか不思議に思う。『世の終わりのための四重奏曲』の第二楽章では、ピアノを青オレンジ色に弾くよう指示したそうだが、その指示は伝わったのだろうか？　具体的にどう演奏するのが正解なのだろう？

そこで押しつけがましく、曲と一緒に色を見せてしまったのが、ロシアのアレクサンドル・スクリャービンである。合唱を含む大規模なオーケストラ作品『プロメテウス：火の詩』のスコアには、〝色鍵盤〟というパートがある。この楽器は小さなピアノのような外見だが、ドレミなどの鍵盤を押すと指定された色の光が舞台上のスクリーンに投影される仕組みになっている。鍵盤と色の対応は以下のように指定されていた。

ド　赤

レ　黄色
ミ　空色
ファ　深い赤
ソ　オレンジ
ラ　緑
シ　青

ただ、『プロメテウス：火の詩』がスクリャービンの指示通りに色鍵盤付きで演奏された機会は、この曲の誕生から百年以上経った今でも、数えるほどの回数しかない。そのひとつ、一九一五年にニューヨークのカーネギーホールでの演奏についての記事が、サイエンティフィック・アメリカン誌に載っている（図1・2）。赤っぽい色のタングステンランプで様々な種類の色を出すには、ゼネラル・エレクトリック社から提供を受けた特別に大光量のランプが必要だったことなどが詳細に記してあり、音楽よりも、むしろこの〝楽器〟に対する注目の高さが窺える記事である。

ここでの紹介はクラシック音楽に偏ったが、共感覚を持つ音楽家はジャズやポップスなど

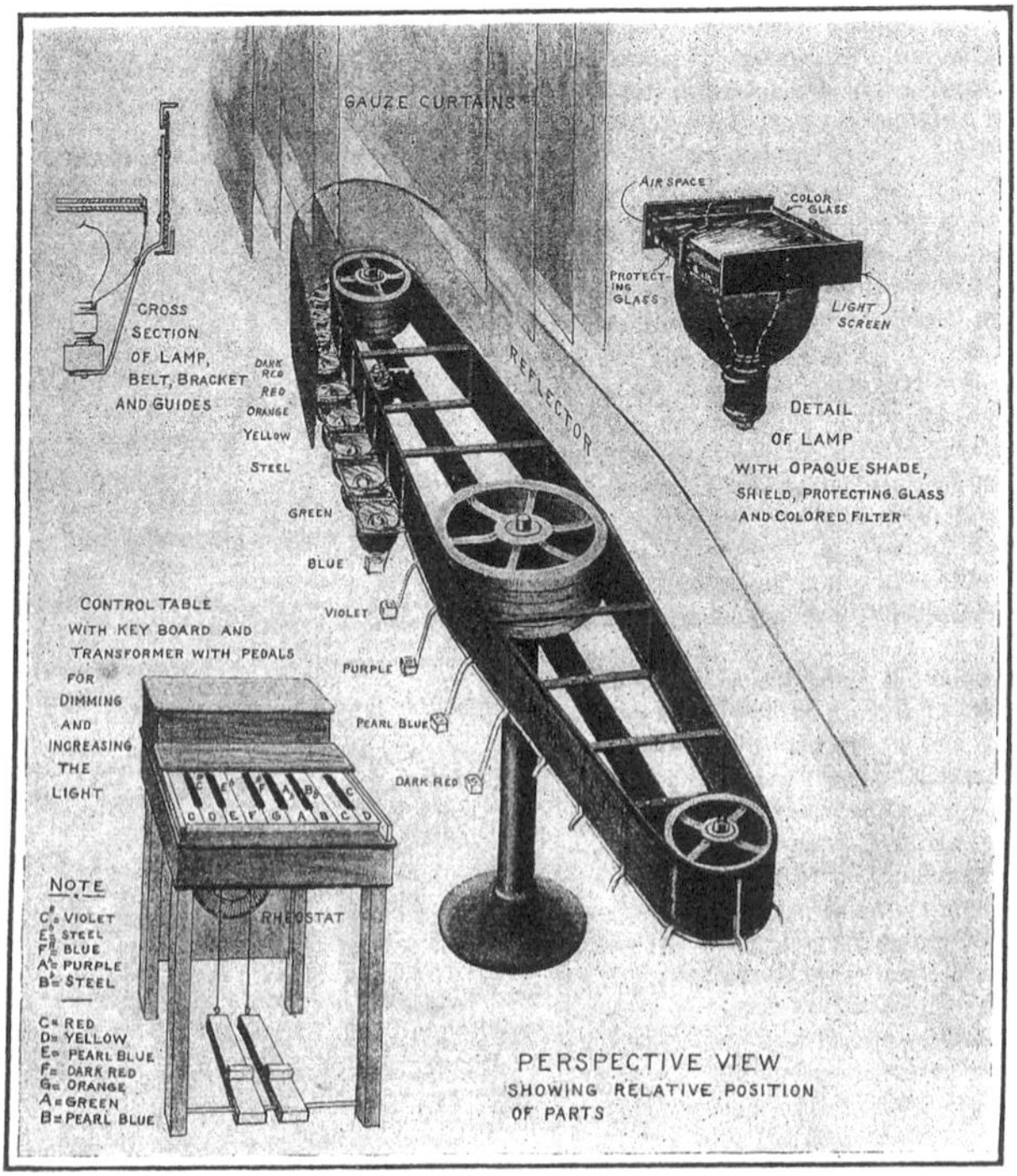

The mechanism of the color piano.

図1・2　1915年、ニューヨークのカーネギーホールにおけるスクリャービンの『プロメテウス：火の詩』の演奏には、色オルガンが使われた。この〝楽器〟の鍵盤を押すと、ステージ後方に吊られた布に色が投影される。色のランプを可動式ベルトで左右に動かすことで、神秘的な演出効果が得られる（図はサイエンティフィック・アメリカン誌1915年4月10日版より）。

ジャンルを問わず数が多い。ウィキペディアの list of people with synesthesia というページには、デューク・エリントン、ビリー・ジョエル、マリリン・モンローなど知っている名前がたくさん載っていて、眺めるのが楽しい。

そして、音に色を感じる共感覚は、一般の人にも決して珍しくない。音楽を小さい頃からやっている方が周りにいれば、試しに手当たり次第に聞いてみてはどうだろう。ドレミファソラシのような音やハ長調などの調性に色を感じる人が、きっと見つかることと思う。筆者も、ふと長女に聞いてみたところ、ドレミの色をすらすらと答えるのでたいそうびっくりした。ただ、次女に同じことを尋ねると、お父さんはいったい何を聞いているのか？　といった反応で、つまり、共感覚はない。同じ環境で育ったのに、不思議である。

共感覚とは何か？　教科書的まとめ

ここまでの内容を整理して、教科書風にまとめておこう。[*3]

共感覚とは、音や文字に色を感じたり、色から音を感じたり、味から形を感じたりする現象のことで、共感覚を持つ人を共感覚者という。共感覚を引き起こす刺激を誘因刺激（inducer）、誘導された共感覚的な感覚を並起感覚（concurrent）と呼ぶ（専門家はconcurrentを励起《れいき》感覚と訳すが、意味が通りにくいと思うので、本書では原語に近い意味になるように新しい訳語を使うことにする）。

共感覚には、いくつかの重要な特徴があり、代表的なものをここに列記する。ただ、他の特徴を挙げる研究者もいる。便宜的に番号を振ったものの、この順番通りに重要ということでもない。

①**希少性**　共感覚は珍しいとされている。少なくとも長い間そのように信じられてきた。例えば、ある推定では数千人や数万人に一人などと見積もられたこともある。

②**特異性**　同じ誘因刺激でも、それに対する共感覚の内容（並起感覚）は、ひとりひとり異なる。

③**自動性**　共感覚の感覚体験は自らの意思とは無関係に自動的に起こり、しかも、それを意志で抑えることが難しい。

④**一貫性**　個人においては、共感覚における誘因刺激と並起感覚の関係は固定していて、長い間、極端に言えば生涯、変わることがない。

⑤ **発達性起源**　共感覚は物心が付いた頃からずっとあるのが典型的で、いつどのような原因でそのような感覚が付いたか、本人は思い出すことができない。

これらは、共感覚という現象にとって本質的と考えられており、共感覚の極端に狭い定義では、これらのすべての特徴を満たして初めて正式に共感覚とみなされる。しかし、そのような厳しい条件が厳格に適用されることは実際にはかなり稀で、先に挙げた特徴の一部が認められただけでも、共感覚とみなされることの方が、むしろ多い。つまり、ある現象が共感覚であるかどうかの厳密な基準はなく、わりと適当に決められていると言って良い。そんな曖昧なことではおかしいと思われたとしたら、我が意を得たり。ぜひ、第二章に進んでいただきたい。

誘因刺激と並起感覚の種類

その前に、もう少しだけ、共感覚の基礎知識の解説を続ける。

誘因刺激と並起感覚の関係は基本的には一方通行で、例えば音から色への共感覚があるからといって、色から音への共感覚があるとは限らない。前者のタイプの共感覚はわりと多いが、後者はその一桁も二桁も少ない珍しいものである。

　共感覚の誘因刺激になりやすいのは、文字や数字や曜日やドレミファソラシなどのように、要素が順番に並んだものである（ただし味や音色など、それ以外のものが誘因刺激にならないわけではない）。そして、並起感覚として圧倒的に多いのは、色である。この理由はわかっていないが、共感覚の仕組みを考えるうえで重要なヒントだと思う。

　並起感覚としての色の感じ方には、おおきく二種類ある。ひとつは投影型（プロジェクター）と呼ばれ、色が眼の前の風景に交じって存在するように見える。音を聞くとクレヨンで塗りつぶしたような色が目の前に現れるＦさんや（口絵1）、色のついた数式が教室の中を浮遊して見えたリチャード・ファインマンのような例がこれにあたる。ファインマンは、この数式は学生にはいったいどう見えているのだろうと不思議がっていた。このように、並起感覚が他人にも見える可能性のあるものとして感じられるのが、投影型の特徴だ。

　これに対して、連合型（アソシエーター）の共感覚では、色は、あくまでもその人の心の中でのイメージとして感じられる。赤色の「Ａ」の文字を、想像してみて欲しい。連合型の並起感覚は、今あなたの頭の中にある赤いＡのイメージのようなものである。あるいは、文

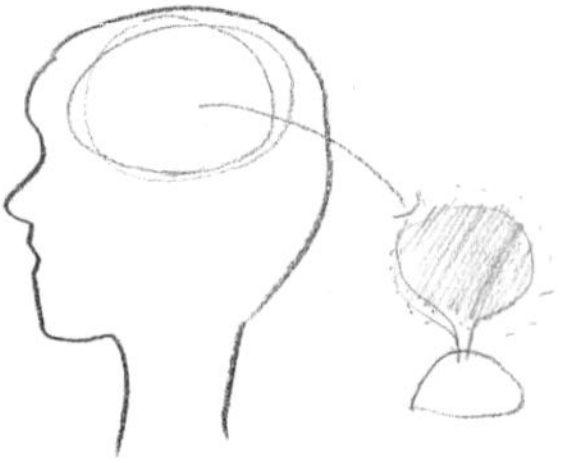

図1・3　共感覚者Yさんは、音が聞こえると頭の中で色のついた煙のようなものが、何かから「ぽわっ」と出てくる。「もわ」ではないと強調された。（本人による描画）

字のようなはっきりとした形はなく漠然とした赤い色のイメージのこともあれば、「Aは赤だと知っている感覚」に過ぎない場合もある。頭の中で、こんもりとした山のようなものから、ぽわっと色のついた煙が出ると言う人もいた（図1・3）。いずれにせよ、どれも主観的な体験として実感をもって感じられるが、それはあくまでも自分の心の中のことであり、決して他人に見える性質のものではない。

なお、連合型の〝連合〟とは、誘因刺激と並起感覚が心の中（脳）で結びついているという意味だろう。とはいえ、投影型でも脳の中で誘因刺激と並起感覚が結びついていることに変わりないのだから、投影型か連合型か、という分類は論理的におかしい。〝外部型〟や〝内部型〟などと呼んだ方が良いと思うが、すでに定着した呼び方なので仕方ない。

＊１　建築家ヴァルター・グロピウスが創立し、カンディンスキーのほかパウル・クレーなどが教授陣を務めたドイツの美術学校。十四年間しか開校していなかったが、後の工業デザインやメディアアートに大きな影響を与えた。

＊２　作曲の基本となる特定のいくつかの音の連なり。例えば、「Ｃ・Ｄ・Ｅ・Ｆ♯・Ｇ♯・Ａ♯・Ｃ」（第一番）や、「Ｃ・Ｄ♭・Ｅ♭・Ｅ・Ｆ♯・Ｇ・Ａ・Ｂ♭・Ｃ」（第二番）などで、これらはいわば、メシアンにとっての〝ドレミファソラシ〟のようなものである。

＊３　より専門的には、浅野倫子・横澤一彦『共感覚：統合の多様性』勁草書房（２０２０）をご覧になると良い。

第二章

共感覚とは本当は何か？

共感覚は定義できない!?

何かを話題にするなら、まずは、その対象を定義しないといけない。

しかし、本書ではここまで、共感覚の定義を書くことを避けてきた。いや確かに、「音や文字に色を感じたり、色から音を感じたり、味から形を感じたりする現象を指す」などとは書いてはみたが、これは例を挙げてお茶を濁《にご》しただけだ。共感覚の特徴をいくつか挙げてはみたものの、そのどれを満たせば共感覚と言えるのか、はっきり書いていない。つまり、何か新しい共感覚（と思しき現象）が見つかったときに、それが共感覚かどうかを判断するための客観的な基準を示していないのだ。これはつまり、定義を書いていないということである。

実は、定義を書かなかったというより、書けなかった。

驚かれるかもしれないが、共感覚には、誰もが納得するきちんとした定義が存在しない。つまり、ある研究者が共感覚だと思っているものと、別の研究者が共感覚だと思っているものが一致することが期待できないのである。科学としては、随分とお粗末な状況と言える。

そこで本章では、共感覚をいかに定義するかという問題に、正面から切り込もう。そして、共感覚とは〝本当は〟何なのか考えてみたい。章末には、ちゃぶ台をひっくり返すような結論が待っている。

なお、この章は専門誌に書いた論文を一般向けに加筆修正したものなので[*1]、わかりやすく書き直しはしたものの、学術的な小難しい議論であることには違いない。お好みによって、この章を飛ばして頂いても次章以降の理解に差し支えないが、その場合、え！　これも共感覚なの？　という違和感や疑問が、あとで生じるかもしれない。そうしたらここに戻って頂けると良い。

共感覚をどう証明するか

そもそも、共感覚は主観的な体験だ。つまり、絶対に、本人にしかわからない。

そのため、科学で共感覚を扱うのはそれほど簡単なことではない。例えば共感覚のない私が、「正午の時報を聞くと青い稲妻が走って見える」と主張して一歩も引かないとしよう。それが真っ赤な嘘であることを、あなたはどうやって証明するだろうか（ところで、なぜ嘘は赤いのだろう?）。

心理学では、共感覚の有無を客観的な方法で検証する方法がいくつか考案されている。最も代表的なものが、再テスト法である。誘因刺激に対してどのような並起感覚が起こるかインタビューや質問紙で記録しておき、それから一定期間（例えば数か月や数年）経ったら、抜き打ちで再検査を行う。

もし被験者に共感覚がなく、その場の思い付きで回答しているとすると、テストと再テストで答えの一貫性を保つのが難しい。実は私も、先ほど「青い稲妻」と書いたか「赤い稲妻」と書いたか、もう忘れているのである。しかし共感覚が本物なら、二回目の検査の答えは一回目とよく一致するはずだ。この検査法は簡便なため非常によく使われ、共感覚の証明のゴールドスタンダード（標準的な基準）とされている。要は信頼性の検査であり、第一章で挙げた共感覚の特徴のうち、「一貫性」を調べるテストである。

共感覚を証明するもう少し手の込んだ巧妙な方法に、心理学のストループ効果を利用して共感覚の「自動性」を調べる方法がある。例えば「青」という文字が青色や赤色で印刷されていて、その印刷色をなるべく速く答えるとしよう。文字を無視して印刷色を答えれば良いのだから、簡単な課題だ。しかし、青という文字が赤色で印刷されているような言語情報と色情報の不一致があると、つい回答が遅れてしまう。これがストループ効果だ。「青」という文字が目に入ると脳が自動的に青色を想起し、それが物理的に赤い色と干渉することで、反応が遅くなるという仕組みである。

これを共感覚に応用すると、並起感覚が自動的に起こっているかどうかが調べられる。「A」という文字から赤を感じる共感覚者に、その文字を赤色（一致）や青色（不一致）で見せて、文字の色を答えさせる。共感覚がなければ、どちらも同じくらいの速さで答えられるが、共感覚があるとAという文字が自動的に赤の感覚を並起するので、反応時間に影響する。こうした効果を確認することで、共感覚があることを客観的に証明できる。

共感覚の色々な定義

このように、主観的な体験である共感覚をどのように科学的に定義するかという問題は、結局、共感覚をどのように客観的に証明するかという問題である。どのような事実証明をすれば共感覚とみなせるのか、その基準こそが事実上の定義となる。[*2]

再テスト法だけで共感覚を証明するということは、並起感覚に一貫性さえあれば共感覚とみなすという意味だ。これは、かなりゆるい定義である。もっと限定的に定義したいならば、前の章で挙げた自動性、希少性、特異性、発達性起源など他の条件も満たすことを要求すればよい。ではいったい、どのような要件を満たせば共感覚とみなせるのかいうと、それが決められなくて困っている。研究者のあいだで、侃々諤々《かんかんがくがく》の議論が続いているのだ。

具体的に、どのような定義が提唱されているのか、日本語版と英語版のウィキペディア（2020年10月現在）を見てみよう（傍線は筆者）。

日本語版

共感覚は、ある刺激に対して通常の感覚だけでなく異なる種類の感覚をも生じさせる一部の人にみられる特殊な知覚現象をいう。

英語版（筆者訳）

共感覚とは、ひとつの感覚・認知経路の刺激により、それとは別の感覚・認知経路を介した不随意的な経験が起こる知覚現象である。

これらの定義は、似ている面もあるが、重要な点ではっきり異なる。日本語版は、一部の人にみられる珍しい現象であることを明記している（単傍線）。一方、英語版ウィキペディアでは、この希少性の条件がない代わりに、この感覚が意思によらず自動的（不随意的）に起こることが記されている（単傍線）。もちろん、記載を簡潔にするために、重要でない特徴を書くのを省略しただけかとも思う。しかし、どの特徴が重要で、どの特徴が重要でないかの考え方に違いがあることこそが、共感覚の定義が定まらない理由なのである。

七十二人もの研究者が寄稿した、千ページを超える辞書のような共感覚の専門書があるが[*3]、そこでは四十九ある章ごとに、共感覚という言葉が少しずつ違った意味で使われている。そのような本をまとめあげた編者は、この言葉をいったいどのように定義するのだろう。気になって序章を読んでみた。すると、共感覚は〝異常（extraordinary）な感覚〟であると、まず簡潔に一言述べ、すぐにそれを補足するように、その実例や特徴を長々と何行にもわたって列記している。様々な立場の著者に配慮し、総花《そうばな》的にまとめざるを得なかった苦労が偲ばれる。

共感覚の定義の構造（中核＋特徴）

こうして、いろいろな共感覚の定義を眺めていたら、重大なことに気がついた。どの定義も、必ず、二つの要素から構成されている。例外は、ない。

その構成要素のひとつは、共感覚が通常の感覚ではないということを示す、いわば定義の「中核」部分である。ウィキペディアの例では、「異なる種類の（日本語版）」や「別の感覚・認知経路を介した（英語版）」といった二重傍線部分がこれにあたる。英語版では、特殊や異常といった言葉は使われていないが、「別の」感覚・認知経路を介するということは、「通常の」感覚・認知経路から外れているという意味に他ならない。共感覚は、〝普通ではない〟あるいは〝異常である〟ことが決定的に重要で、そのような意味の表現がどの定義にも、必ず入っている。

共感覚の定義のもうひとつの構成要素は、その普通ではない感覚の「特徴」を述べた部分である。一部の人にしか見られないとか、不随意的（自動的）などといった記述が、これにあたる。ここで、どのような特徴を盛り込むかは、定義によってかなりのばらつきがある。例えば、日本語版ウィキペディアが希少性を重視しているのに対して、英語版は不随意性

（自動性）に重きを置いている（単傍線）。例の千ページの専門書のように様々な立場に配慮してバランス良くまとめるとなると、この部分はどうしても網羅的で長い説明になる。

繰り返すと、共感覚の定義は、それが普通の感覚ではないことを示す「中核」と、その普通でない感覚の示す「特徴」の、二つの部分からなる。「中核」の示す内容は（表現の違いはあれ）どの定義でも実質的に同じだが、「特徴」部分には大きなばらつきがある。

とすると、「特徴」部分について統一見解をまとめれば、共感覚の定義はひとつに定まりそうなものである。しかし、それは、永遠にうまくいかない。そのことを示すため、これから共感覚の五つの代表的な特徴を、ひとつひとつ詳しく検討する。そうするうちに、問題の本質は定義の「特徴」部分ではなく、むしろ「中核」にあることがわかってくるのである。

特徴①　共感覚は珍しい？

共感覚は、希少なものとされてきた。珍しいからこそ、我々はこの現象に興味を惹かれるのだろう。筆者自身もそうだった。

しかし、ほとんどの人が感じるような、まったく珍しくない共感覚もあるのである。例え

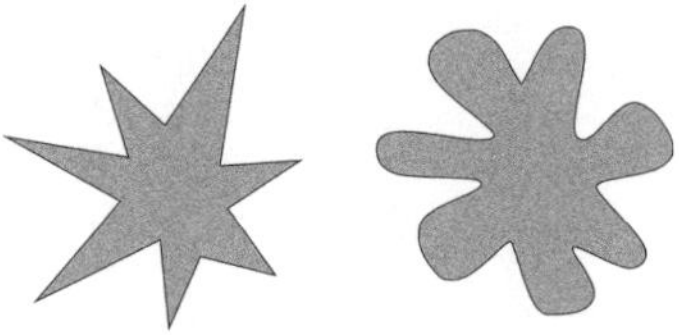

図2・1　どちらの図形がキキで、どちらがブーバかを問われると、ほとんどの人が、左がキキで右がブーバだと答える。

出　所：Wikipedia（https://commons.wikimedia.org/wiki/File:Booba-Kiki.svg）

ば、ピッチ（音高）の高い音は明るく、低い音は暗く感じる現象がある。これは、共感覚者に限らずひろく一般に認められる感覚で、読者も自らの感覚として納得できるのではないだろうか。チンパンジーでさえ似たように感じるとのことなので、生物学的に普遍的な感覚と言えるかもしれない。

また、上に挙げた図形のどちらが「キキ」でどちらが「ブーバ」かと尋ねられると、文化を問わず九割以上の者が、左がキキで右がブーバだと答える（図2・1）。ギザギザや丸っこいといった視覚的な形が、なぜか、音声と結びついているのだ。

こうした現象は、明らかに共感覚的だが、希少性こそが共感覚の本質と考える立場では、これらのありふれた現象は共感覚とみなされない。その代わりに、感覚間協応という、似て非なる概念でとらえるのである。しかし、どの程度珍しければ共感覚で、どの程度珍しくなければ感覚間協応かという、客観的な数値基準は決められそうにない。

逆にそもそも、共感覚が希少かどうかは、共感覚をどう定義するか次第なのである。共感覚研究の黎明期といえる十九世紀後半から二十世紀前半には、共感覚者の数は人口の10〜20%の範囲で見積もられていた。十人に一人や二人はいる計算だ。それからしばらく、共感覚研究は下火の状態が続いたが、二十世紀後半に再び研究されるようになると、今度は数万人に一人などと非常に珍しいものとされた。しかし最近では、百人に数名程度はいると推定されているのである。共感覚現象そのものに、こうした大きな振れ幅の時代変化があるはずがない。とすると、この推定値の変化は、単に、共感覚の定義の変遷を表しているに過ぎない。

何らかの基準で共感覚を定義すれば、その基準が変わることで、共感覚者の数は多く見積もられたり、少なく見積もられたりする。そのとき、共感覚は珍しいことを定義の要件としたうえで、調べてみたら共感覚者は少なかったなどと結論しては、循環論法である。共感覚は、あくまでも（感覚どうしを結びつける）脳の機能として定義し、それには珍しいものから、ほぼ全員に感じられるありふれたものまで様々な種類のものがあり得ると考えるのが理にかなっている。

ただ、共感覚は珍しいと考えたい気持ちも、よくわかるのである。というのは、定義の「中核」は、共感覚が「通常とは異なる」感覚だと述べていて、まさにこれが希少性のニュアンスを含むからである。あとで見るように、これは核心を突くポイントである。

特徴② 共感覚はひとりひとり違う?

バナナを見たら誰もが黄色いと感じるのと違い、共感覚では、同じものを見たり聞いたりしたときの主観的体験は、ひとりひとり異なることが多い。例えば、フランツ・リストとニコライ・リムスキー=コルサコフは、音楽の調性の色について意見が合わなかった。こうした個人特異性があることを共感覚の定義の要件とするなら、個人差の少ない感覚間協応(ブーバ・キキ効果など)は、やはり共感覚とは区別すべきである。

しかし、個人間のばらつきがどの程度あれば共感覚とみなせるのか、基準の設定は困難だ。そして、仮に何らかの基準を決めるとすると、おかしなことが起こり得る。色字共感覚を例にとると、文字と色の結びつきは基本的には個人ごとにばらばらなのだが、アルファベットのAについては、その共感覚色が赤であることが統計学的に有意に多い。すると、基準をどう決めるかによっては、ある文字に色を感じるのは共感覚だが、別の文字に色を感じるのは共感覚ではないという結論になってしまう。

このように考えると、共感覚には特異性の高いものから、ほぼ全員が同じように感じられるものまで、様々なものがあると考えるのが自然だろう。

特徴③　共感覚は自動的に意識される？

テニスの打音から青が見えて競技の邪魔になるといったように、共感覚の並起感覚は自らの意思とは無関係に自動的に起こることがある。しかし、よく話を聞くと、音を聞き流しているだけでは色が見えないが、意識的に注意を向けて聞けば色が見えるといった人も多い。後者を共感覚に含めないのも、ひとつの立場である。

しかし、少しでも心理学を勉強したことがあれば、注意が向かずに意識されない感覚は感覚ではないという主張には納得しかねるはずだ。テニスボールを見るとき、これは何色だろうと意識すれば、黄色が知覚される。しかし、試合のラリー中に、ボールの色などいちいち意識されない。すなわち、そのときの注意の働き次第で、テニスボールの色が意識されたりされなかったりする。それが感覚というものである。それなら、共感覚の並起感覚も、それが意識されるかどうかは状況次第であって当然ではないだろうか。

要は共感覚とは、誘因刺激と並起感覚を結びつける仕組みが脳にあることが本質であり、並起感覚が自動的に意識されるかどうかというのは、時と場合による。この結びつきが非常に強ければ、本人の意思とは無関係に、自動的に並起感覚が生じることが多いだろう。結びつきが中程度の強さで、並起感覚の知覚が自動的に意識されるかどうかの境界にあるなら、普段は自動的には意識されないが、意図的に注意を向ければ自覚されることになる。最後に、この結びつきがあまりにも弱ければ、いくら努力しても並起感覚が意識されることはない。

この三つ目のケース、すなわち、どれほど努力しても色を感じられない場合には、共感覚がないと断定して良いかもしれない。少なくとも努力をすれば並起感覚が生じる程度に誘因刺激と並起感覚の結びつきが強いことを、共感覚の条件とするのである。

しかし、問題はそれほど単純ではない。アルファベットの色字共感覚では、ａは赤、ｂは青、ｃは黄に感じる人が多いが、ここで、文字に色を感じないと自ら主張する非共感覚者に、無理やりアルファベットに対応する色を選ばせてみると、驚くことに、共感覚者と同じようにａには赤、ｂには青、ｃには黄を選ぶのである。あとで紹介するように、これとよく似た現象を、筆者自身もドレミファソラシの共感覚で確認している。

つまり、本人に意識できない共感覚があるということだ。とすると、並起感覚を意識するかどうかという観点で共感覚と非共感覚を分けるのも難しそうである。

特徴④　共感覚は時間的に安定？

　共感覚における誘因刺激と並起感覚の関係は長期的に安定していて、長い間、極端に言えば生涯変わることがないのが典型的だ。無論、脳は生涯を通じて変化するので、共感覚の安定性も、必ずしも絶対的なものではない。とくに未発達の脳は変化しやすく、子供では共感覚が変化しやすい。とはいえ、基本的に共感覚が安定していることは確かであり、時間的な安定性は共感覚の判定基準として、研究者に最も重視されている特徴である。

　しかしここで問題なのは、安定性があるからといって共感覚と呼んで良いとは限らないことである。つまり、時間的安定性は共感覚の必要条件ではあっても、十分条件ではない。例えば、私は中日ドラゴンズといえば青をイメージし、この感覚は生涯を通じて変わらない。ではさて、これは共感覚かと問われると、ほとんどの専門家は共感覚でないと言うだろう。

　しかし、ではなぜ共感覚と呼ばないのかと問われると、その説明は意外に難しい。中日ドラゴンズの青は単なる連想もしくはチームカラーについての知識で、知覚や感覚ではないと考えるかもしれない。しかし、そもそも共感覚で感じられる文字の共感覚色も、〃文字の色を知っている感覚〃にしか過ぎないことがある。共感覚者が文字に抱く青のイメージと、中日ドラゴンズから思い浮かべる青のイメージは、いったい何が違うというのか。

いや、中日ドラゴンズに青を感じるのは単に学習の結果なので、共感覚とは違うという指摘を受けそうだ。では共感覚は学習ではないのかというと、実は、それも怪しい。まさにこの問題にかかわるのが、次の特徴である。

特徴⑤ 共感覚は幼少期から？

共感覚は物心が付いた頃からあり、いつどのようにそのような感覚が付いたか聞かれても、本人にはそれがわからないのが典型的だ。この特徴の本質は、共感覚がいつ付いたかという時期の問題というよりは、誘因刺激と並起感覚がどのようにして結びついたかという機序の問題といえよう。これには、三つの仮説が考えられる。

ひとつは、共感覚は脳の仕組みとして生まれつき備わっているという仮説だ。しかし、共感覚を引き起こす誘因刺激は、フェロモンのような化学物質や、特定の波長の光といったような単純な感覚刺激ではなく、文字や曜日やドレミのような言語的な高次概念であることの方が多い。このような誘因刺激と並起感覚の結びつきが、あらかじめ遺伝子で決まっているとは考えにくい。

次に考えられる仮説は、誘因刺激と並起感覚の結びつきを繰り返し経験することで学習するというものだ。例えば、子供の頃に使っていた玩具や、冷蔵庫の磁石のアルファベットの色が、そのまま共感覚色になった例がある。そのような原因を特定するのは多くの場合難しいが、それは学習があまりに小さい頃に起こるので、記憶が曖昧で物証も残らないからだと説明できる。しかし、これを共感覚と認めるのなら、熱狂的なドラゴンズファンの親に育てられて、物心ついた頃には中日ドラゴンズが青であることを学習していた場合、これも共感覚と呼ばざるを得ないことになる。

最後に考えられる仮説では、誘因刺激と並起感覚の結びつきは、脳が自ら作り上げたと考える。これも一種の学習だが、その成因が冷蔵庫の磁石など外因によるのでなく、脳の自己組織化に伴う内因的なものと考えるのである。例えば、数型（number-form）共感覚では、1、2、3……といった数字が空間上に一定の配置に並んでイメージされる（図2・2、次ページ）。このような形の物体が実際に存在するとは考えにくく、この共感覚が外因的に学

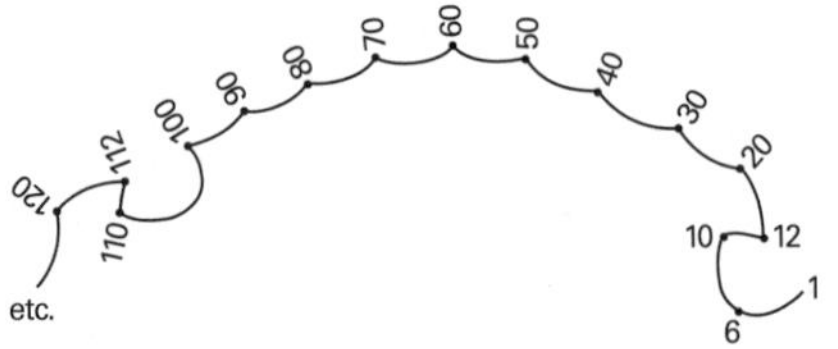

図２・２　頭の中で数字が特定の配置で並んでいる。１から12までは時計の文字盤の影響が見られるが、それ以降の数については、なぜこのようになるのか説明が難しい。

（Galton, F.（1881）Visualised numerals. Journal of the Anthropological Institute, 10 85-102.）

習されたとは思えない。何らかの未知の仕組みで、脳がこのような視覚イメージを自発的に作り出したのだろう。

　この最後のものこそ、純正な共感覚と呼んで良さそうだ。しかし、これでは共感覚の定義としてはあまりにも縛りが強すぎて、結局、役に立たない。例えばＡＢＣなどの文字に色を感じる現象は、誰もが共感覚の代表例と認める、共感覚の一丁目一番地のような現象である。しかし、その色字共感覚の成因に外因性の影響がないことを証明することは、現実的に不可能などころか、むしろ逆に、色字共感覚には様々な外因的な影響があることがわかっている。とすると、先のような縛りの強い定義では、色字共感覚を共感覚と呼ぶことができなくなってしまう。しかし、多くの者の気持ちとして、共感覚の定義は、色字共感覚を含まなければならないのだ。色字共感覚を共感覚と呼べない共感覚の定義など、誰も採用しないだろう。

問題は中核にあり

このように、共感覚と非共感覚は、その境界を確定しようとすればするほど、その曖昧さが顕《あらわ》になる。その根本的な原因は、共感覚の定義の「中核」にある。

共感覚の定義の中核は、共感覚が「普通ではない」感覚だと主張している。「あ」という文字から/a/という音を感じるのは〝普通〟だから共感覚ではない。しかし、赤などの色を感じるのは〝普通でない〟から共感覚だ。中日ドラゴンズが青なのを共感覚と呼ぶのに抵抗があるのは、〝普通〟だからである。〝普通でない〟ことが、一貫して、共感覚が共感覚であるための、最重要の条件なのである。

しかし、普通とは何だろうか。

よく考えると、これには科学的に明確な答えがないことに気付く。「普通の感覚」が定義できれば、「普通でない感覚」の定義も自動的に定まる。しかし、ある感覚が普通であるかどうかの客観的な基準など、あるはずがない。とすると、共感覚と非共感覚の感覚が定まらないのは、論理的に当然のことである。

普通でないとは？

しかし確かに、共感覚は、普通の感覚ではないように思える。このとき、普通でないという言葉は、ふたつの異なる意味で使われていることに注意しよう。ひとつは、一部の人にしかないという希少性である。もうひとつは、既知の脳メカニズムからうまく説明できないという未知性である。

希少性については既に説明した。共感覚は、例外的で珍しい現象とされることが多いが、実際には、希少なものから普遍的にみられるものまで様々な種類が連続的に存在している。希少性を基準に、共感覚と非共感覚を明確に分けることはできない。

未知性については、どうだろう。共感覚者が文字から色を感じるのは、従来の脳科学の知見からは説明が困難だ。そこで、なんらかの未知のメカニズムを想定せざるを得ない。この謎に満ちた感じが、定義にある〝普通でない〟というニュアンスと呼応して、共感覚の漠然としたプレミアム感に一役買っている。何だかよくわからないけれど、いや、むしろよくわからないからこそ、特別で貴重なものだと感じてしまう心理である。

しかし、文字から色を感じるという現象が現実にあるということは、紛《まぎ》れもなく、脳にそのような仕組みが備わっているということに他ならない。ということは、いつかはその脳メカニズムが解明されるだろう。すると、どのような画期的な発見もいずれ古びるように、共感覚の脳メカニズムも、いつかは既知で「普通」のこととなる。つまり、科学が共感覚の脳メカニズムを解明すれば、共感覚の未知性が消え、「普通」の感覚に格下げされる運命にある。

共感覚は特殊な感覚であり、「普通でない」ことが核心的に重要だと、皆が思っている。しかし、「普通でない」という言葉の意味が、曖昧で相対的なのだ。ある感覚が「普通」であることの定義ができない以上、「普通でない」共感覚の定義が定まらないのは、必然の帰結である。

揺れる定義

今から百年以上前、十九世紀後半の調査で、共感覚のある人は人口の15％もいると推定されたことがある。スイスの心理学者テオドール・フラワノイが２５００人に質問紙を送ったところ６９４人から返答があり、そのうち３７０人（３７０÷２５００＝０・１４８）に共感覚があると判断されたのだ。その頃に行われた複数の調査で10％台の推定値が出ていることから、この程度の出現頻度は、当時の研究者の共通理解だったと推測される。

その頃の共感覚の定義は、今ほど科学的に厳密ではなかった。例えば、序数擬人化(ordinal linguistic personification、ＯＬＰ)が共感覚の一種として初めて記載されたのも、この頃である。序数擬人化とは、アルファベットや数字や曜日のように序列性のある言語要素に、性別や年齢や性格や外見などの特徴を備えた人格を感じる現象だ。例えば、数字の「1」は〝責任感の強い親分肌のキャラクターだが、独りよがりなところもある〟とか、アルファベットの「m」は〝nの近所に住む穏やかな声の中年女性で、nといつも一緒にお買い物に行く〟といった具合である。今の我々の基準からすると、これは「感覚」なのか？ 擬人化とは何が違うのか？ といった疑問が湧いて当然だろう。

その後しばらく、共感覚研究は下火になった。もしかすると、このような主観的な報告に頼るゆるい定義が科学者に嫌われたのかもしれない。その反動か、二十世紀後半に現代の心理学や脳科学が共感覚を再び科学の俎上に載せたとき、その定義はいっきに狭められた。厳密さを保証するため、主観的な内観を信用せず、観察や実験の結果を保守的に解釈することこそが大切だった。すると、共感覚者の存在頻度の推定値は1％に満たない(場合によって

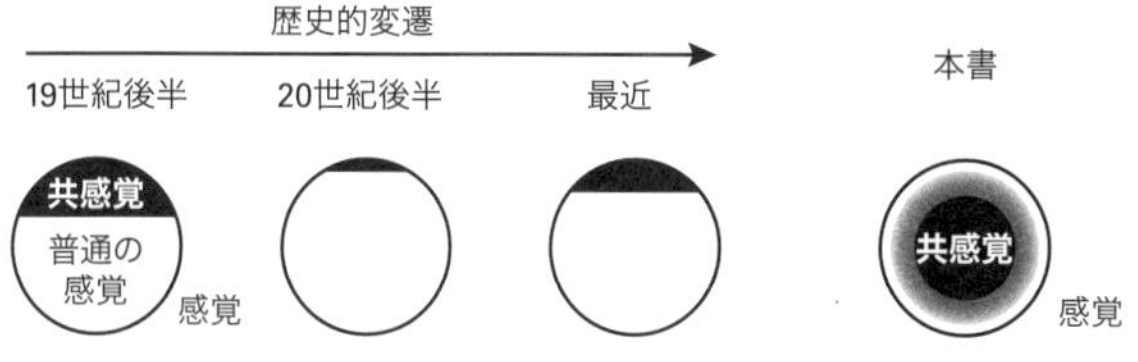

図２・３　共感覚の出現頻度は、共感覚の定義によって変化する。共感覚と非共感覚の境界をそもそも明確にしないのが本書の立場（右端）。

は０・００１％など）とされるほど激減した。

しかし現在では、共感覚者は人口の数％とのコンセンサスが得られつつある。つまり、共感覚はそれほど珍しくないのでは？　というふうに、研究者のとらえ方が変化している。例えば、この流れに沿ってＯＬＰも共感覚と認められることが増えている。一度は極端に狭められた定義が、再び拡大するように、揺り戻しが始まったかのようだ（図２・３）。

共感覚とは本当は何か？

共感覚の定義が厄介な問題であることを、おわかり頂けただろうか。

実は科学では、定義が揺らぐことは決して珍しくない。なぜなら、未知のものを研究する以上、最初は対象を不完全にしか定義できなくても仕方がないからである。「生命」の定義も、代謝を行わないのに増殖するウイルスの発見などにより幾度も再考を余儀なくされ、今でさえ、議論の余地が残っている。それと比べると、共感覚研究の歴史ははるかに浅い。しかも、心の働きのようなとらえどころのないものを相手にしている。その定義が定まらないのは、むしろ当たり前だ。

このように一歩引いて、俯瞰的に考えることで、初めて見えてくることがある。

時代によらず、誰がどう定義しようと、共感覚の核心的な特徴は「普通でない」ことだった。しかし、ある感覚が「普通である」ことの科学的な定義など、できるはずがない。とすると、「普通でない」共感覚の定義も定まるはずがない。すなわち、普通の感覚と共感覚を分ける明確な境界があるという前提そのものに、無理があるのだ。

それならば、いっそ、共感覚とは感覚そのものだと認めてしまえば良い。共感覚は感覚と同じものだという、ちゃぶ台返しのような結論である。もちろん、感覚の中にはいわゆる典型的な共感覚に相当するものと、そうでないものがあり、これらをすべて同一視しようということではない。共感覚と非共感覚を、質的には区別のできない連続的なものとみなすのである（図2・3、前ページ）。

感覚とは共感覚

共感覚と感覚を区別しないということは、感覚とは共感覚だということでもある。これは一見、理解不能な主張に思えるかもしれない。しかしよく考えると、それなりに真実味のある見方でもある。

五感という言葉があるように、感覚には視覚や聴覚など様々な種類のものが個別に分かれて存在している……と我々は思い込まされている。確かに、目や耳などの感覚器は個別に存在するため、これらの感覚は脳への入力の最初の段階では完全に分かれている。

しかし、これらの入力情報から赤いなどの意識的な感覚（クオリア）が生じる脳の場所は、感覚器にあるのではない。大脳で、意識的な感覚が生じるのである。そしてその大脳では、様々な感覚器からの情報は、もはや個別には分かれておらず、むしろすべてがつながっている。感覚は交じり合うのが基本であり、それが「普通」なのだ。

ヒトはみな、もともと共感覚者だったという仮説がある。脳の神経細胞はシナプスという構造を介してつながることで情報を伝えるが、生後間もなくの脳にはシナプスが大幅に過剰にあり、脳のあらゆるところが〝無駄に〟つながっている。例えば、視覚野の細胞は、視覚情報の入ってくる眼だけではなく、筋への運動指令や皮膚などからの感覚経路である脊髄ともつながっているのである。このような過剰なシナプスは、脳が様々な刺激にさらされて働くうちに、使われない結合が次々と刈り込まれて消えていき、十年以上の長い年月をかけて大人の脳に成熟していく。このとき、刈り込みを免れた〝無駄な〟つながりが部分的にでも残ると、その反映として共感覚が生じる。

この「刈り込み説」は、まだ正しいと証明されたわけではないが、共感覚が生じるメカニズムとして有力な仮説のひとつである。この考えの面白いところは、共感覚はあとから足し算で獲得するのではなく、子供の頃の未分化で融合された感覚をどの程度失わないかという、引き算の残りとみなすところにある。

そして皆、大人になっても案外この感覚を失っていないかもしれない。というのが、次章からの話である。

＊1　伊藤浩介「共感覚とは本当は何か?」基礎心理学研究第39巻第1号（２０２０）

＊2　このように実験操作とその結果に基づく定義を、操作的定義という。

＊3　Simner, J., & Hubbard, E. (Eds.)(2013). The Oxford handbook of Synesthesia. Oxford: Oxford University Press.

第三章

ドレミファソラシは虹の七色？

カフェ・ド・ラペ

ボストン交響楽団を世界的なオーケストラに育て上げたロシア出身の指揮者セルゲイ・クーセヴィツキーによると、ロシアでは皆がそろって同じように音に色を感じているとのことだ。例えばＦ♯は、いちごのような赤だという。しかし、同世代の作曲家スクリャービンは『プロメテウス：火の詩』で、色鍵盤のＦ♯に、赤ではなく青を割り当てた[*1]（第一章）。また、ロシアの音楽界で二人の先生格にあたるリムスキー＝コルサコフにとって、Ｆ♯は曖昧な灰色である。

こうしてみると確かに、クーセヴィツキーの周りのロシアの音楽家に共感覚者は珍しくなかったのだろう。しかし、Ｆ♯は何色かというような具体的な音と色の組み合わせとなると、個人差が大きかったのが実情ではないか。一般的な学説でも、音と色の対応はサイコロを振るように人ごとにランダム（でたらめ）だとされている。

しかし、音と色の対応は普遍的だと信じる音楽家は、クーセヴィツキーだけではなかった。二十世紀初頭、パリ・オペラ座の前のカフェ・ド・ラペで交わされた会話をセルゲイ・ラフマニノフが回想している。小さなテーブルを囲んでいたのは、ラフマニノフと、彼のモスク

図3・1　カフェ・ド・ラペ（コンスタンチン・コローヴィンによる絵）

ワ音楽院時代からのライバルであるスクリャービン、そして二人より三十歳ほど年長のリムスキー＝コルサコフの三人だ。ちょうどスクリャービンが、『プロメテウス：火の詩』の構想を練っていた頃である。

> 驚いたことに、スクリャービンの言う調性と色の結びつきについて、リムスキー＝コルサコフ先生まで同意したのだ。私はそのようなことを感じたことがなかったので、口角泡を飛ばして反論した。（中略）
> 「ほら！」突然大きな声をあげて、リムスキー＝コルサコフ先生が私に向き直った。「君の作品自体が、その証拠じゃないか。『けちな騎士』で、男爵が箱を開けると、金や宝石がたいまつの明かりできらきらと輝く場面があるだろ？」
> たしかに私は、その自作オペラのパッセージがニ長調であることを認めざるを得なかった。
> 「ほらね、いくら自分で否定しても、君の直感が無意識にそうさせたんだよ」スクリャービンは勝ち誇ったように言った。[*2]

ニ長調は、リムスキー＝コルサコフとスクリャービンの二人にとって金茶色（golden brown）で、『けちな騎士』の黄金と宝石と光にあふれる場面に、まさに相応しい。ルートヴィヒ・ヴァン・ベートーヴェンもニ長調をオレンジの調と呼んでいたらしく、ハンガリーの作曲家ジェルジュ・リゲティにとってニ短調は茶色だった。ジャンルは違ってジャズピアニストのマリアン・マクパートランドにとって、この調は水仙のような黄色である。こうして見ると、ニ（D）の調と結びつくのは、どれも橙色から黄色にかけての似たような色相の色である。[*3]

この一致は、単なる偶然だろうか。

Aの文字は赤い

少なくとも、色字共感覚では、文字と色の結びつきがランダム（でたらめ）ではないことがわかっている。

色字共感覚者が個々のアルファベットに何色を感じるかは、個人差が大きく、法則性はないと信じられていた。しかし、英国の心理学者ジュリア・シムナーらが、70人という多くの数の共感覚者を集めて統計学的に解析したところ、文字と色の結びつきは決してサイコロを振るようにランダムでなく、例えば、aは赤、bは青か茶、cは黄色やピンク、zは黒のように、特定の組み合わせの出現頻度が高かったのである。一人や二人をばらばらに調べるのでなく、多数の共感覚者を集めていっきに同一の方法で調査したからこそ、明らかになった事実である。

さらにこの研究が面白いのは、共感覚のない人にも、強制的に色を選ばせたことである。つまり、文字に色など感じないと主張する〝普通〟の人に、aやbやcが何色かを無理やり答えさせたのだ。すると彼らは、共感覚者と同じようにaは赤などと答えたのである。文字と色の結びつきは、ランダムであるどころか、かなり普遍性の高い現象ということになる。

色字共感覚でアルファベットと色が結びつく理由は、よくわかっていない。「apple」の「a」だから赤いといったように単語からの連想で色が付く可能性や、系列の最初の要素は赤になるという仮説など、諸説が提案されている。ただ、いずれにしても、文字と色の結びつきは、決してでたらめに決まっているわけではないことが重要だ。

ドは赤い？

　では、音楽における共感覚はどうだろう。

　一般的な学説では、音と色の結びつきはランダムだとされている。しかし、リムスキー＝コルサコフやスクリャービンなど多くの音楽家が、ニ長調やニ短調は橙色から黄色にかけての似たような色相を感じるのだ。これは、偶然にしては似通いすぎているように思うのである。もしかすると、これまでの研究は少数の被験者を個別に調べたものばかりだったことで、見落としがあるのではないだろうか。そういえば、色字共感覚の色もランダムだと思われていたのに、大人数を調査したことで初めて、aは赤などの隠れた結びつきが明らかになったのだ。

　それなら、自分で調べてみよう。

　筆者は、絶対音感など音楽の脳機能を研究している。そのため、音楽経験歴の長い学生が数多く、実験の被験者として研究室に来てくれる。そういった学生たちに、ひとりひとり地道に聞いてみれば良い。こつこつと何年か継続すれば、多少のデータは集まるだろう。共感覚者など滅多にいないだろうから、いつ終わるかもわからず、たいした期待もせずに始めた調査だった。

しかし、驚いた。すぐに次々と、学生が共感覚をカミングアウトしたのだ。その数はあっという間に十を超えた。しかもほとんどの者が、ドは赤、レは黄色やオレンジ、ソは水色だと言うのである。これが統計学的にランダムでないことは、この時点で既に明らかだった。

ひょっとしたらと思い、自宅で夕食を取りながら、当時小学生だった長女に聞いてみた。すると、ドは赤、レはオレンジ、ミは黄緑、ファは緑、ソは水色、ラは青、シは紫と、即答だった。まさか、自分の子がドレミに色を感じているとは！　しかも、ドとレとソの色は、調査した大学生たちとそっくり同じである。

自分の子だからこそ断言するが、ピアノのレッスンで色のついた音符や教材を使っていたわけではない。ましてや、家でそのような色を教えたこともない。つまり、娘の脳で、視覚経験によらず、音と色が勝手につながっていたのである。これはいったい何だ？

予備調査は十分。本格的に研究に取り組む決心をした。

研究開始

共感覚の研究をするにあたっての最大のハードルは、十分な数の共感覚者をそろえることである。幸い、ここまでの予備調査で三十名を超える共感覚者が集まっていたので、これはクリアしていた。

ただ、実際に実験をするとなると、どのようにして共感覚の色を尋ねるか、方法をきちんと決めなくてはならない。すぐに思いつくのは、音を聞かせて色を答えさせるやり方だが、これには問題がある。まず、人によっては楽器の音色に対する共感覚があるので、使用する楽器に結果が影響されてしまうのではないかと思った。つまり、感じた色が、楽器の色なのか、ドレミの色なのかの区別が難しくなってしまう。また、音感の影響も懸念される。例えば、筆者がソの音を聞かせても、被験者がそれを間違えてドだと思ってしまった場合、その被験者の答えた色は、ソの色なのか、ドの色なのか、どちらだろう。そのうえ、同じ「ド」でも低いドから高いドまでたくさんの「ド」がある。いったい、どの高さのドを聞かせたら良いのか。全部聞かせていては実験時間が足りないし、被験者も疲れてしまう。

そこで採用したのが、「ソに感じる色を教えてください」というふうに、そのまま言葉で聞く方法だ。素人くさい素朴なやり方だが、音色や音感や音域のような影響を除外して、ソという概念に対する色を調べるには、これがもっとも適している（これはドレミファソラシとは何かという定義にかかわる問題であり、いずれ詳しく説明する）。

　実験手続きで、もうひとつ決めなくてはならないのは、どのようにして色を答えてもらうかという回答方法だ。口頭で「赤」などと言われても、心の中で思い描く赤の色は人それぞれだ。また、言葉では表現しにくい微妙なニュアンスの色だってある。そこで、パソコンのカラー・ピッカー（色を選ぶアプリケーション）で自由に色を選んでもらい、その色のＲＧＢ値（赤・緑・青の光の強さ）を記録することにした。こうすれば、言葉の曖昧さを排除して、色を客観的かつ定量的に記録できる。

　このような方法で、三十三名の共感覚者に、ドからシまで半音を含むすべての音について、ランダムな順に色を選んでもらった。色を感じない音については、無理に答えなくても良い。このテストを、三十分の間隔をおいて一日に二回行い、さらに約六か月後にも同様に二回検査を行った。最後に、すべてのテストの平均をとることで、ひとりひとりの共感覚者の、ドレミファソラシの色を決定していった。

　こうして被験者が色を選ぶ様子を眺めていると、予備調査の通り、ほとんどの人がドは赤、レは黄色、ソは青（水色）を選ぶ傾向がはっきりしていた。実験も後半になると、これと違う色を選ぶ被験者がいれば、逆に驚くようになったほどだ。ただ、こうして集まるデータは、単なるＲＧＢの数値の羅列に過ぎない。そのため、きちんと解析するまで、結果の詳細はよくわからないのである。ようやく全員のデータを取り終えたところで、どきどきしながら、数値計算の結果をカラー表示してみた。

そこで、あっと息をのんだ。

ドレミファソラシは虹色

ドレミファソラシが、虹になっている（口絵2）。

確かに、ひとりひとりの被験者を個別に見れば、色の選び方は個人差が大きい。誰かとまったく同じ色の組み合わせを選んだ人など、一人もいないのである。これまでの研究で、色がばらばらであるとされてきたのも、なるほどと頷ける。

しかし、一歩引いて全員の結果を広く見渡せば、色は決してランダムではなく、一定の傾向があるのは明らかだった。実験中の観察通り、ほとんどの人にとって、ドは赤、レは黄色やオレンジ、ソは水色である。よく見ると、ミは緑を選ぶ人が多い。それ以外の音はばらつきが大きいが、それでも、ファはオレンジが緑かといったところで、青を選ぶ人は少ない。そして、ラやシ以外が紫になることは、ほとんどない。

こうした傾向を確認するために、個人間で色を平均してみた。ＲＧＢ値でデータを記録したので、その数値を平均すれば良いのである。もし、人によって感じる色がランダムなら、平均色は特定の色みが消えて灰色になるはずだ。しかし結果を見ると、ドレミファソラシの共感覚色の平均色は、灰色になるどころか、赤から黄や緑を経て青や紫へと、まるで虹のように変化する美しいグラデーションを示していたのである（口絵2）。

ドレミと色の定量化

しかし、口絵2を眺めて色が虹のようだといったところで、それはただの主観的な印象に過ぎない。つまり、誰かに「私にはそう見えない」と言われてしまえば、それまでの話である。だから、どうにかして、この音と色の関係を客観的な方法で示したかった。

そこでまず、色の見えを三つの要素に分解した。その三要素とは、色相（H）、彩度（S）、明度（V）である。色相（H）とは赤や青といった色みの種類のことで、赤→橙→黄→黄緑→緑→青緑→青→青紫→紫→赤紫→赤というように、似た色どうしを順に並べていくと、ぐるりと一周回って同じ色に戻る特徴がある。この円を色相環《しきそうかん》と呼ぶ。色相環は円なので、それぞれの色相を角度で表せる。すなわち仮に赤を0度とすれば、そこからの回転量に応じて、黄、緑、青、紫などの色相を角度で表現できるということだ（口絵3〈上〉）。

次に、彩度（S）とは色みの強さのことで、彩度が高いと原色系のはっきりとした色合いになり、彩度が低いとパステル調の淡い色合いになる。彩度のもっとも高い状態を1とし、完全に色みが消えて灰色（無彩色）になってしまった状態を0とする。最後に、明度（V）は明るさで、明度が高いほど光が多く明るく、明度が低いと光が少なく黒みがかった色になる。これも、0（最低明度）と1（最高明度）の範囲で表す。

このようにして得られた色相（H）が、ドレミファソラシと音階を上がるとともにどう変化するかを表したのが口絵3（下）だ。ドは赤を示す0度から始まり、そこからレミファソラシと上がるにつれて色相環に沿って色相が回転し、ついには一周する関係がグラフから見て取れる（この関係の妥当性は、混合線形モデルという統計学的手法で確認した）。図は省略するが、彩度（S）はドレミファソラシと音階を上がるにつれて少し下がる傾向があり（シの彩度がもっとも低い）、明度はどの音もほとんど同じで変わらなかった。

このようにして、ドレミファソラシの色相が虹色のようなグラデーションになるという結果を、客観的に裏付けることができた。ドレミファソラシと色相環という、由来のまったく異なるものが、共感覚を介してぴたりと一致するのだ。なんとも不思議である。

ファとラとシは例外？

ただ、いくつか気になることがある。

口絵3（下）の赤い線グラフをよく見ると、右肩上がりの直線が、ファの位置で下向きにへこんでいる。このグラフが下向きに進むということは、色相環を反時計回りに〝逆回転〟して戻ることを意味する。確かに、仮にまっすぐな直線の関係なら、ファの色はソ（青）の少し手前の緑や青緑になるはずだが、実際の色を確認すると、ファの「平均色」は黄や黄緑を暗くしたオリーブのような色になっている（口絵2）。

そこで、口絵2と口絵3の二つを、（平均色ではなく）共感覚者ひとりひとりの結果に注目して、あらためてじっくりと見てみた。すると、ファの色は、緑か、暗めの橙（茶）かの、どちらかのことが多かった（口絵２）。それ以外の色もあるが、相対的に少ない。これと対応して、口絵３のグラフも右肩上がりでまっすぐ進むグループと（ファは緑）、ファで下に折れ曲がるグループの（ファは橙や茶）二群に分かれている。つまり、ファの平均色がオリーブ色なのは、緑を選ぶ人と、橙や茶を選ぶ人が混在したため、計算上、その中間の色になったということだ。皆が平均的に、この中間色のオリーブ色を選んだわけではない。

　色相の平均を取ることには、こうした危ういところがある。皆が似通った色を選んでいる限りは良いが、そうでない場合、計算結果として得られる平均色がいったい何を表しているのか、よくわからなくなってしまうのだ。

　このような限界に注意してあらためて結果を見直すと、ファだけでなく、ラとシの個人差も大きいことに気付く。裏を返せば、それ以外の音は個人差が小さいとも言えるのだが、いずれにせよ、ドレミファソラシの音階全体がそのまま順番通りに虹色になるという結論には、ケチがつきそうである。

　しかも、もっと致命的な問題がある。共感覚者の選んだシの平均色の色相は赤紫だが、赤紫などという色は、そもそも虹に存在しないのだ。だとすると、ドレミファソラシが虹色になると言ってしまっては、端的に間違いということになる。

こうした問題は、第六章「ドレミファソラシはなぜ虹色か?」で掘り下げて検討する。そこでは、新しい仮説を導入することで、これらの不都合な現象がすべて合理的に説明できてしまう、大逆転劇が待っている。ただ、このことを説明するには、第四章と第五章のお膳立てが必要だ。そこでもうしばらくは、ドレミファソラシは虹色だという暫定的な結論のまま、話を進めておこう。

言葉が色と結びつく

口絵2の共感覚色の図を眺めていると、ド♯とレ♭は同じ音なのにもかかわらず、共感覚の色が違うことに気付く。ド♯はどことなく赤っぽく、レ♭は黄色っぽい。ただ、ド♯とレ♭は異名同音といって、名前は違ってもピアノの鍵盤では同じ音なのだ。つまり、同じ高さの音でも、それをド♯と呼ぶとドに近い色になり、レ♭と呼ぶとレに近い色になるというのである。レ♯とミ♭など、他の異名同音についても同様の傾向がある。

この観察結果は、極めて重要だ。ドレミファソラシの共感覚色が、音そのものではなく、ドやレといった音の名前と結びついていることを意味するからだ。このことを端的に示す例として、Ｆの音を聞くと絶対音感によりドと認識し、ドに対する赤を感じるホルン奏者[*4]がいた。彼女は移調楽器を長年にわたって演奏することで、絶対音感の音高と音名の対応が、楽器と同じように〝移調〟されている（つまり一定の音程でずれている）。本人は、自分が「ド」だと認識した音が、Ｆであることは頭ではよく理解している。それでも、ドだから赤を感じるのである。

　このように、音高ではなくドレミファソラシという言葉が色と結びつくとすると、音が色の感覚を引き起こすメカニズムに、二段階の処理を想定することができる。すなわち、第一段階で聞こえた音がドレミファソラシの言葉となり、第二段階でその言葉が色と結びつく。これを、ドレミファソラシの共感覚の「二段階モデル」と呼ぶことにする（図3・2、89ページ）。第一段階で音の名前がわかるのは、共感覚とは無関係な、普通の意味での音楽能力である。そして次の第二段階こそが、共感覚だ。

　つまり、共感覚色の並起感覚を起こす誘因刺激は、音高そのものではなく、ドレミファソラシという言葉あるいは概念だと言うことができる。

二段階モデルの検証

このモデルが本当に正しいか、実験で検証した。

まず、音高に対して色を口頭で答えるのと、ドレミなどの言葉に対して色を口頭で答えるのとではどちらが速いか、回答にかかる反応時間を比較した。もし二段階モデルが正しいなら、音高に色を答える課題では、まず音高が音名に変換され、そのあとで音名が色と結びつくという二段階の処理が必要だ（図3・2）。しかし、音名を提示してしまえば、第一段階が不要なので、それだけ短時間で色を答えられるはずである。実験の結果、確かに、言葉に対して色を答える方が早かった。

次に、音高に対して音名を答えてもらう課題と、音高に対して色を答えてもらう課題で、反応時間を比較した。前者は第一段階のみを反映し、後者は第一段階と第二段階の両方を反映するので、後者の方が反応に時間がかかるはずだ。この結果も、予想通りだった。

なお、この実験の二つの課題は、第一段階の部分が共通で、第二段階の有無のみに差がある。そのため、反応時間の差を計算すれば、第二段階の共感覚処理にかかる時間が推定できる。すると、この時間は約０・４秒と非常に短いものだった。このような高速の処理は、

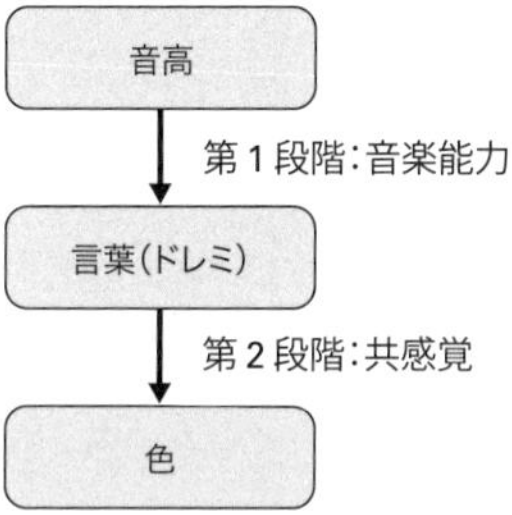

図3・2　ドレミの共感覚の二段階モデル。音はまずドレミなどの言葉となり（第1段階）、次にその言葉が色と結びつく（第2段階）。第1段階は、絶対音感や相対音感などの音楽能力によるもので、共感覚とは関係ない。第2段階こそが、共感覚である。

〝何色かな……〟などと意識的に考えていては、とても無理なものだ。つまり、色の感覚が自動的に生じることを示唆している。

　最後に、音名に対して、音名をオウム返しのように復唱する課題と、その音名に対応する色を口頭で答える課題で、反応時間の差を計算した。聞こえた音名を認知する処理と、最後に答えを発声する処理は、二つの課題に共通だ。しかし、色を答える課題では復唱課題と違って、音名を色に変換する共感覚処理が追加で必要になる。そのため、この二つの課題の反応時間の差を計算すれば、音名から色への変換、すなわち共感覚処理にかかる時間を推定できる。すると、これは0・4秒程度と、先の実験の値とよく一致していた。

　このように、心理学実験の結果は二段階モデルから予想される通りのものだった。共感覚者の脳の中では、ドレミファソラシという「言葉」に対して色を感じているというのが、この共感覚の正体である。

絶対音感は無関係

絶対音感と共感覚は、互いに似た兄弟のような能力と思われがちだ。しかし、もし二段階モデルが正しいなら、ドレミファソラシの共感覚と絶対音感は、まったく別の脳機能である。絶対音感は、第一段階のドレミファソラシの同定にかかわる機能であり、共感覚は、既に同定されたドレミファソラシに色を感じる機能だからである。

とすると、音高を聞いたときの反応は、絶対音感と共感覚のそれぞれの有無によって、四つのケースが考えられる。

まず、絶対音感とドレミファソラシの共感覚を、両方持っている場合。こういった人では、第一段階と第二段階の処理が、この順に連続して起こる。つまり、音高を聞くとドレミファソラシが自動的にわかり、その後、その同定されたドレミファソラシに対して自動的に色を感じる。ただ、第一段階も第二段階も高速に起こるので、本人の自覚としては、ドレミの言葉がわかるのと色を感じるのは、ほぼ同時に思えても不思議はない。なお、この第一のパターンでは、文字や声で直接ドレミファソラシの言葉を読み聞きした場合でも、色の感覚が生じる。

二番目のパターンは、絶対音感はあるが、共感覚がない場合だ。音高を聞けば、絶対音感による第一段階の処理で、すぐにドレミファソラシの言葉がわかる。しかし、そこから先の第二段階に進むことはないので、色は感じない。共感覚がないのだから、ドレミファソラシの言葉を読み聞きしても、やはり、色を感じることはない。

第三のパターンで、絶対音感はないけれども、ドレミファソラシの共感覚がある場合は複雑だ。まず、絶対音感以外の能力（例えば基準音からの差で音高がわかる相対音感）によって、聞いた音高のドレミファソラシがわかった場合には、これにより第一段階の処理が完了し、続く第二段階の処理で色を感じる。もし間違ってドレミファソラシを同定すると、その間違いに応じた色を感じる。しかし、音感がなくてドレミファソラシが同定できない場合は、第一段階の処理が完了しないので、色を感じることはない。ただし、第一段階をスキップして、文字や音声でドレミファソラシの言葉を読み聞きすれば、色を感じる。

最後に、絶対音感と共感覚のどちらもない筆者のような者は、音を聞こうが、ドレミファソラシを言葉で読み聞きしようが、色を感じることはない。

この共感覚は本物か？

このようにして、ドレミファソラシの言葉に色を感じる共感覚を、世界で初めて記載することができた。ただ、これが共感覚だと認めてもらうには、学術界で一般的とされている共感覚の定義と照らし合わせて、その正当性を証明しなくてはならなかった。

具体的には、共感覚を証明する標準的な手順である再テスト法で、誘因刺激と並起感覚の結びつきの時間的安定性を確認した。ドレミに対する色を尋ね、そのしばらく後に同じ質問をし、色が変わらなければ、確かに共感覚があるとみなせる。我々の実験では、半年という長い期間を空けたにもかかわらず、ドレミファソラシに対応する色相は、よく一致することが確認できた。

さらに強い証拠として、この共感覚が自動的に起こることも証明した。これには、ストループ課題（第二章）を利用した。すなわち、コンピュータ画面に、「ド」や「レ」などの文字を、赤や青など様々な色のフォントで提示し、フォントの色をなるべく早く答えてもらったのである。物理的な表示色を答えるだけなので、ドレミの文字を読む必要はない。それにもかかわらず、共感覚者の反応は、文字と色の組み合わせが共感覚と一致していると早く、一致していないと遅かった。例えば、ドの共感覚色が赤の場合、「ド」という文字刺激が青色で表示されていると、それが赤色で表示されているときよりも、フォントの色を答えるのが遅れるのである。「ド」という文字が、本人の意思とは無関係に自動的に色に変換され、文字刺激の物理的な色と干渉するために反応が遅れると解釈できる。

こうして、ドレミファソラシという言葉に色を感じる共感覚が、確かに存在することが示されたのである。

共感覚のない人でも!?

この共感覚について、引き続き研究を続けているが、さらに驚きの結果が出つつある。ドレミファソラシに色を感じることはありますかという質問に、「いいえ」と答えた人に、無理を承知で、それでもとにかく色を選んでもらうようお願いしてみたのだ。そんなことを言われても被験者は困惑するだけで、まともな回答は得られないだろうと思うだろう。

しかし実際にやってみると、多くの人が、悩みながらもそれなりに色を選んでくれる。なぜその色を選んだのか聞くと、何となくそんな感じがするとか、そんな色のイメージがあるなどという。つまり、決してヤケクソで適当に選んでいるわけでもなさそうだ。もちろん、まったく何の色のイメージも湧かずに、どうして良いか困ってしまう人もいるが、どちらかといえばこちらの方が少数派だ。これだけでも、かなり不思議なことである。

しかも、もっと驚くことに、共感覚を持たない人たちが選ぶドレミファソラシの色は、共感覚者と同じように、虹色のようになるのである。

多くの日本人が、少なくとも潜在的には、ドレミファソラシが虹色と結びつく共感覚を持っていると考えざるを得ない。ただ、本人は色を感じないと言っているのだから、これを共感覚だと言うには抵抗もあるだろう。共感覚の定義の難しさが、ここにある。しかし、この現象が共感覚でないとすると、他にいったい何と呼べば良いのか。

なぜ虹色か

音楽と色の結びつきは普遍的だというクーセヴィツキーらの洞察は、案外正しいのかもしれない。少なくとも日本では、ドレミファソラシの共感覚色はランダムでなかった。カフェ・ド・ラペに集まったロシアの音楽家たちへの、筆者からの回答である。

ひとつ解決、と言いたいところだ。

しかし、ランダムか否かという小さな問題を解決することで、それよりはるかに大きな謎が目の前に出現した。なぜ、ドレミファソラシが虹色になるのかという謎である。音階が虹になるとはあまりにも良くできた結果で、筆者自身でさえ胡散臭《うさんくさ》く思った。しかし、あとで人数を数百人に増やして追試をしても、同じ結果が出たのである。だからこれは、本当の結果なのだろう。何か深遠な真実に触れかかっている期待に、どうしようもなくワクワクする。

ただ、これはかなり手強い問題だった。

ここから先、なぜドレミファソラシが虹色になるのか、筆者が悶々と考え、寄り道をしながら、ついにひとつの仮説にたどり着く道筋が記してある。これが正解かどうかの保証はない。この本は教科書でも、解説書でもない。「はじめに」にも書いたように、すぐには答えの見えない問題について、あれこれ悩みながら考えるのを楽しむのが趣旨である。筆者の考えの至らないところにツッコミを入れながら、楽しんで考えて頂けたら嬉しい。

＊1　皮肉にもこの曲の初演はクーセヴィツキーが指揮し、色鍵盤は使われなかった。

＊2　Riesemann, O. (1934). Rachmaninoff's Recollections. (London: Routledge) より筆者が意訳。

＊3　ピアニストのエレーヌ・グリモーがニ短調は青だと言っているように、もちろん例外もある。

＊4　移調楽器であるホルン（F管）では、楽譜にドと書かれた音を演奏するとF（ファ）の音が出る。

ボックス 1

ドレミファソラシは音名か階名か

ドレミファソラシに色があるとして、ここでいうドレミファソラシとは音名だろうか、階名だろうか。すなわち、脳で色と結びつくのは、音名としてのドレミファソラシなのか、それとも階名としてのドレミファソラシなのか。

これは、どちらであると一概には言い切れない複雑な問題だ。そもそも、音名や階名とは何かという基本的なところから、おそらく皆さんの思っている以上に、ややこしいのである。

音名とは、音高と一対一に対応する言葉で、例えば、いわゆる〝ピアノの真ん中のド〟の音名はC4である。この4とは、低い方から数えて四オクターブ目という意味だ。単にCとするとどのオクターブのCだかわからないので、このように音域を区別する数字をつけるのが、科学的に正式な音名である。

ただ、音楽の現場では、〝ピアノの真ん中のド〟の音名を、ただ単にCと呼ぶことが多い。音名なのに後ろの数字を省略しており、これは科学表記としては間違いである。オクターブの違いを区別せず、すべてのCを同じものとみなすのは、音名ではなく、ピッチクラスという概念だ。ただ、音楽心理学や音楽理論の研究者でもなければ、ピッチクラスなどという言葉など知らないものだ。一般には、音名はピッチクラス名の意味で使われているのである。

次に、C4やCとも違う表記としての「ド」。これはいったい何かというと、音名でもピッチクラス名でもなく、階名だと言うのが、本邦の音楽理論ないしは音楽教育における教本的な立場である。[*1]

階名は、音高の相対的な関係を示したものだ。基準のピッチクラスを適当に決めて、それをドと名付ける。これを主音という。そして、主音のドから一音（全音）上がればレ、二音（全音二つ分）上がればミなどと、ドとの相対的な関係で名前を付けていく。CをドとするならレはDだが、DをドとするならEがレだ。ドレミファソラシの実際の音高は、ドの決め方次第でいかようにも変わるのである。

つまり、音名→ピッチクラス名→階名の順に、概念の抽象度が高い。抽象度が高くなると、音の周波数という物理的な実体から、どんどんかけ離れていく。音名はひとつの特定の音高のみを指すが、ピッチクラスはオクターブ関係にあるすべての音高を束ねたもので、階名はピッチクラスとピッチクラスの相対的な関係を表すメタ概念だ。脳の情報処理からすれば、これらはまったくの別物であることがわかるだろう。

しかし、ここが大混乱のもとなのだが、実際の音楽の場では、音名やピッチクラス名を表すのに、本来は階名であるドレミファソラシが使われるのである。例えば、〝ピアノの真ん中のド〟という表現は、ドを階名とする立場からすればまったく意味不明なはずだ（主音は何？　という反応になる）。しかし実際には、誰もが直ちに、これがC４のことだとわかる。ドが階名ではなく、音名やピッチクラス名として使われている証拠である。ひねった見方をすれば、ハ長調を暗黙の前提としたうえで階名として使っているとも解釈できるが、もしこの解釈を認めるなら、この多義性の問題はさらに複雑化する。

このように、ドレミファソラシは、音名としても、ピッチクラス名としても、階名としても使われているのが現実だ。だから、筆者の研究に協力してくれた共感覚者がドレミファソラシをどのような意味に取ったかは、わからないとしか言いようがない。こうした理由で、第三章では、ドレミファソラシを音名とも階名とも明記せず、いつも律儀に「ドレミファソラシ」と記したのである。すなわち、この言葉の意味をあえて特定せず、曖昧なまま受け入れるという意味である。

ただ、それでは先に進めない。この問題は、第四章のあとの［ボックス2］で再び取り上げることにしよう。

＊1　わざわざ本邦と書いたのは、イタリアやフランスなどのラテン語圏や北欧では、ドレミファソラシをピッチクラス名として使うからである。例えば、フランスで活躍した作曲家セザール・フランクの交響曲ニ短調は言語で Symphonie en ré mineur だが、このレ（ré）が階名ではないのは明らかだ。

第四章

音階はなぜ七音か?

七の謎

ドレミファソラシが虹色になる。

不思議であると同時に、なるほどそうかもしれないと思わせる、妙な説得力のある実験結果だ。しかし、なぜドレミファソラシが虹色になるのか、その仕組みがわからないことにはどうも収まりが悪い。自分で見つけた現象なだけに、自分に説明義務がある気がして、なおさら居心地が悪い。

悶々とする日々が続いた。そして、なぜドレミファソラシが虹色になるかを解くには、そもそもなぜ音階も虹もそろって要素が七つなのかという「七の問題」を避けて通れないと見定めた。七不思議、七つの海、七つの大罪、七福神、白雪姫の七人の小人といったように、七という数はあちこちに出てくる。この数が五や十なら指の数で説明がつくが、この七という数は、いったい何に由来するのか？

脳である。

音階が七音であることも、虹が七色であることも、小人が七人であることも、それを決めたのはヒトであり、つまりはヒトの脳である。とすると、ヒトの脳がどう働くかということにこそ、七という数の由来があるはずだ。この「脳機能主義」とでも呼べる考え方が、本書の根底にある。音階や虹の色の数は、決して数学や物理法則から数式を解くようにして導かれるわけではないのだ。

では、具体的にどのようにして音階音や虹の色が七つになったのかというと、歴史的には、まず音階音が七つになり、それに合わせるようにして虹が七色になった。そこで本書も、どうして音階が七音なのかをまず明らかにしよう。

音とは何か、という原点から始める。

音とは何か？

大学の講義で音とは何かと学生に聞くと、まず間違いなく、空気の振動という答えが返ってくる。確かにそう習ったのだと思うが、この答えは、決定的に大事なことを見落としている。

音とは、空気などの振動を、耳を介して脳が感知したものだ。つまり、音とは振動そのものではなく、振動を感じた脳が作り出した、主観的な感覚であり心理現象である。これは、空気の振動という客観的に測定可能な物理現象とは、まったく異なる。

例えば、同じ物理現象としての音波を聞いても、筆者の感じる音とあなたの感じる音が同じである保証はない。教室でこのことを実感してもらうのに、ドとファ♯のどちらが高く聞こえたか手を挙げさせると、半分の学生にはドが高く聞こえて、他の学生にはファ♯が高く聞こえるといったことが起こる。[*1] そして、自分とはまったく逆に聞こえる人がこれほど多くいることに、学生たちは目を丸くし、信じられないといった表情をする。

音が物理現象ではなく脳の現象であることは、強調してもしきれないほど大事で、これが、音階がなぜドレミファソラシの七音なのかを考える原点である。

周波数とピッチ

音は脳が作り出した主観的な感覚なので、個人差がある。とはいえ、どのような空気の振動にどのような音を感じるかという、物理現象と心理現象の対応には、ある程度一般化できる法則がある。その代表が、空気の振動の周波数が高いほど音のピッチ（音高）が高く感じられるという、ピッチの感覚についての法則である。

ピッチとは、音の高さの主観的な感覚を指す心理学用語である。ピッチは心の中の事象なので、物理的な実体のある周波数とは、あくまでも別物だ。実際、まったく同じ周波数の音も、音の大きさなどの条件を変えるとピッチが異なって聞こえることがある。また、複数の周波数の音が混在する複合音では、高い周波数からなる複合音の方が、低い周波数からなる複合音よりもピッチを低く感じることもある。[*2]

しかし、音の大きさをそろえた単一の周波数成分からなる音、という条件を付ければ、確かに、周波数が高いほどピッチも高い。この関係は図4・1のような直線で表すことができる。すなわち、こうした図式で、物理世界（横軸）と脳の中の心理世界（縦軸）が結ばれている。

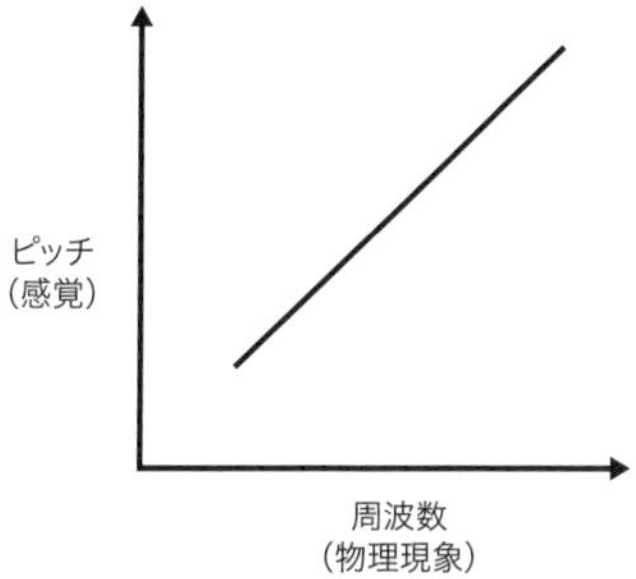

図4・1　物理現象としての振動の周波数が大きくなると、脳の感覚としてのピッチが高くなる。

音高の離散化と螺旋化

ただ音にも、波の音や、動物の鳴き声や、言語

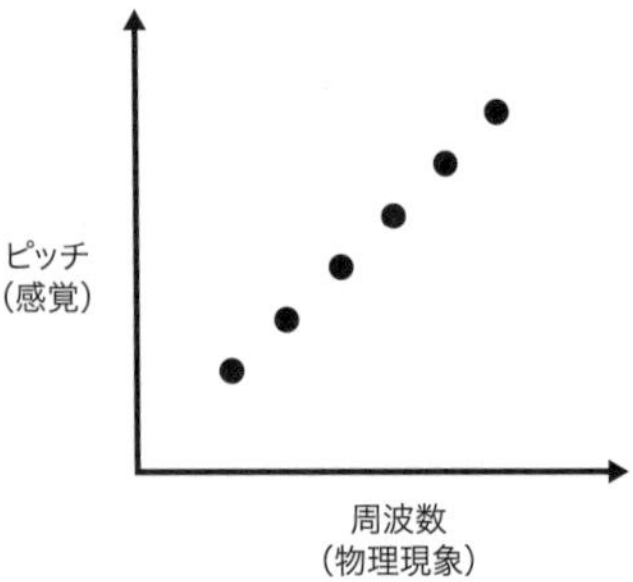

図4・2　音楽では、無限にある周波数から一部を抜き出して使う。

音や音楽など、様々な種類がある。そのため、図4・1の図式は一般論としては正しいが、こと音楽についてピアノなどの音を表すには不十分な面がある。そこで、図4・1の図式を音楽に適したものにするために、離散化と螺旋化という二つの修正を施していく。

　離散化とは、周波数やピッチを飛び飛びの量にすることである。物理量である周波数は実数のように連続なので、0・1ヘルツや0・01ヘルツや0・0001ヘルツなど、いくらでも細かく刻むことができる。数直線の0と1の間に無限個の点があるように、一オクターブという限られた範囲にも無限個の周波数があるとみなせる。

　しかしそれと比べると、音楽で使われる音の種類は極端に少ない。ピアノの鍵盤を見ればわかるように、一オクターブには音がたった十二個しかないのである。

　このように、本来なら連続的な周波数やピッチを飛び飛びの間隔で区切り、要素を有限個に限定することで、ドレミのような音階が出来上がる（図４・２）。

螺旋化とオクターブ等価性

　もうひとつの修正である螺旋化は、オクターブ等価性にかかわるものだ。我々の脳には、オクターブ離れた音を〝同じ音〟と感じる強い傾向がある。例えば、オーケストラのチューニングに使われるラ（Ａ４、４４２ヘルツ）の周波数[*3]を倍にしてオクターブ上げたり（８８４ヘルツ）、半分にしてオクターブ下げたり（２２１ヘルツ）すると、物理的な周波数は何百ヘルツも変化するが、それでも、どの音も同じように〝ラの音〟という感じがする（音楽を長くやっている人ほど、この感覚は強いだろう）。このように、オクターブ離れた音を同じものと感じる知覚現象を、オクターブ等価性という。

　オクターブ等価性は、音楽のあらゆる面に影響する。例えば、もしオクターブ等価性がなかったら、ピアノの88鍵の音を表すのに88種類の名前が必要になる。なぜなら、〝同じ音〟がないのだから、音名の使いまわしができないからである。ドレミやＣＤＥに♯や♭を付けた12個では到底足りず、五十音に濁音や半濁音などを加えると百個程度ある日本語の音を駆使して、やっとすべての鍵に固有の名前を付けられるのだ。

また、オクターブ等価性のない世界では『ドレミのうた』に終わりが来ない。この歌の旋律は、「♪ドはドーナツのド」とドの音で始まり、「♪さあ、歌いましょう」で、最後の音が一オクターブ上のドに到達して、一区切りとなる。このように、一オクターブ違うとはいえ、最初と〝同じ音〟に戻るからこそ、旋律が終わった感じがするのである。仮にオクターブ等価性がないとすると、どの音まで上がっても永遠に終止感は生まれないはずだ。

このような想像が滑稽に思えるほど、オクターブ等価性は音楽と深く結びついている。我々の音楽がこの束縛から逃れるのは、不可能と言って良い。

ピッチ知覚の螺旋モデル

ところが、図4・1や図4・2には、一オクターブ離れた音が〝同じ音〟になることが反映されていないのである。オクターブ等価性を、考慮していないからだ。

そこで、図4・2の点線を、円柱に巻きつけて螺旋にしてみよう（図4・3）。この新しい図式では、周波数が高くなると、ピッチが上がるとともに円柱の外周に沿ってドレミファソラシの感覚が回転する。そして、周波数が最初の二倍になったところで回転は一周し、一階上の同じ位置（真上の位置）に戻る。こうして、周波数が違っても〝同じ音〟に感じるオクターブ等価性が、うまいこと表現されるのである。

これを、音楽的ピッチ知覚の螺旋モデルという。このモデルでは、周波数に対して、二つの異なる感覚が生じると考える。ひとつは、通常のピッチの高低の感覚で、図では上下方向の高さで表される。これをピッチハイト（pitch height）と呼ぶ。もうひとつは、円回転の位相（角度）によって決まるドレミファソラシの感覚で、この円状に変化する感覚をピッチクラス（pitch class）、あるいはピッチクロマ（pitch chroma）[*4]と呼ぶ。

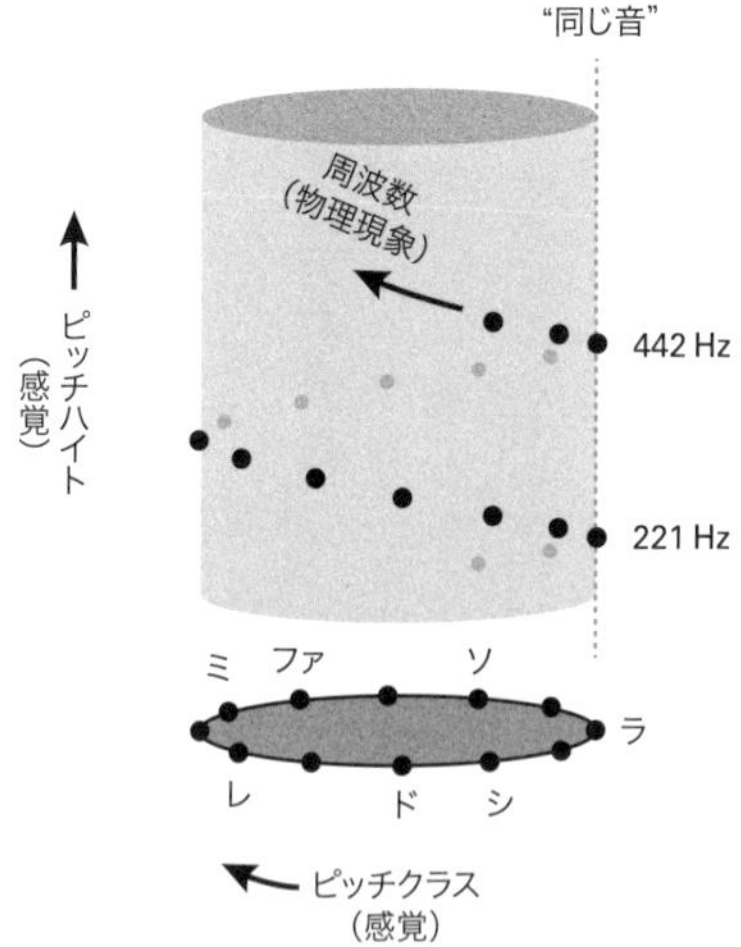

図4・3　音楽的ピッチ知覚の螺旋モデル。周波数が高くなると、ピッチハイトが上がり、ピッチクラスが回転する。

　つまり、周波数が上がったり下がったりすると、ピッチクラス

（ドレミファソラシ）の感覚が、円をぐるぐる回るように変化する。そして、この円の一周がちょうど一オクターブである。

音階は円の分割

準備が整った。ここから一歩ずつ、音階が七音である理由を考えていこう。

音階をどう作るかという問題は、図4・1のような連続的な直線から、どのように点を選んで図4・2のような点線にするかという問題だった。点と点の間隔は、広くても狭くても良いし、その間隔は不均等でも構わない。だから、音階の作り方には、無限の可能性がある。

ただ、音楽に関する限り、オクターブ等価性の制約を加える必要がある。すなわち、「オクターブ離れた音は、〃同じ音〃として音階に含まれなくてはならない」という縛りを付けるのである。例えば221ヘルツの音が音階に含まれるなら、442ヘルツの音も〃同じ音〃として音階に含まれなくてはならない。要は、真っ直ぐな線ではなく、図4・3のような螺旋を前提に考えようということである。

この制約のもとでは、音階をどう作るかという問題は、直線をどう点線にするかという問

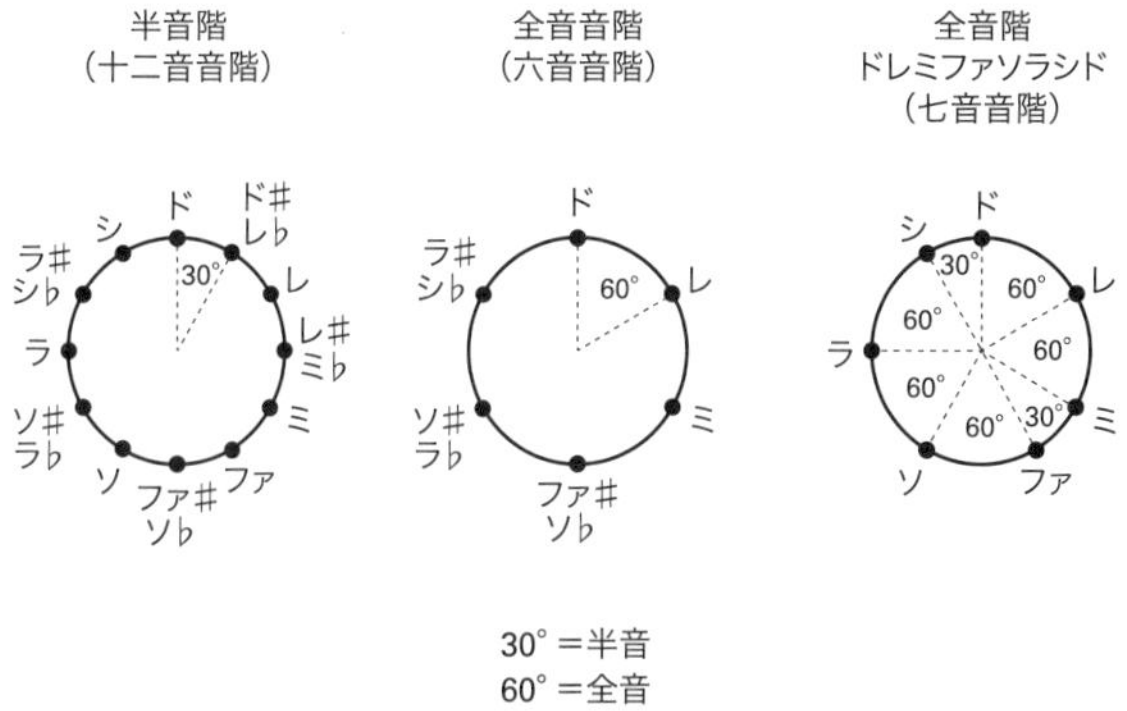

図4・4　円をどのように分割するかによって様々な音階が生まれる。30度にあたる分割の大きさを半音、60度を全音という。分割は均等でなくても良い。

題ではなく、図4・3の底面にあるオクターブ（ピッチクラス）の円をどう分割するかという問題になる。螺旋の上で音を表す点々は、すべて、オクターブの円周上に射影されるからだ。

　こうして円を分割して音階を作る作業は、円いピザを切り分けるのに似ている。ピザを十二等分すると、一人分の切れ端は30度だ。同じようにオクターブの円を30度の角度で均等に区切ると、十二音からなる半音階が完成する（図4・4〈左〉）。

　音楽では、この30度の分け前を「半音」という（これがなぜ「半分」なのかは、あとで説明する）。ピアノなど西洋の楽器の多くは、半音を最小単位とした音階が弾けるように作られている。この半音刻みの十二音をすべて均等に使おうとするのが、オーストリアの作曲家アルノルト・シェーンベルクが創始した十二音技法を、彼に続く新ウィーン楽派の作曲家たちが発展させたトータル・セリエリズムの音楽だ。シェーンベルクの『ピアノ組曲』（作品25）や、アントン・ヴェーベルンの『ピアノのための変奏曲』（作品27）などを聞くと十二音音階の特徴がよく感じられる。

　半音の倍にあたる60度の分け前が「全音」だ。全音を単位にオクターブの円を区切れば、六音からなる全音音階が出来上がる（図4・4〈中〉）。これは、フランスの作曲家クロード・ドビュッシーが愛用した音階で、例えば前奏曲集第一巻の『帆（ヴェール）』では、短い中間部以外のほぼ全曲にわたって、全音音階が使われている。

　ピザをいかに等しく切り分けるかは家庭の一大事だ。[*5]しかし、音階における円の分割は、必ずしも均等でなくても良い。いや、むしろ均等でない方が普通である。例えば、ドレミファソラシの七音音階も、ミとファ、シとドの間隔が半音（30度）で、それ以外はすべて全音（60度）というふうに、音と音の間隔に狭いところと広いところがある（図4・4〈右〉）。そして、このように分割が不均等だからこそ、ドレミファソラシは色を持つ、ということがあとでわかる。

いずれにせよ、オクターブ等価性を前提にする限り、音階はどれも、オクターブの円をどう分割するかというやり方の違いで生まれてくるのである。

音階は脳の都合

音階は、自然界に物理現象として存在するわけではない。ヒトの脳が作り出した人工的な概念だ。なぜ、脳はそのようなものを作り出したのだろう。まさにこの点に、音階が七音である理由が潜んでいる。

そこで、音階のない音楽を想像してみる。音階がないとは、一オクターブの範囲に音高がびっしりと無数に詰まっている状態だ。これでも一応、音楽を作ることは可能である。

しかし、ヒトが音高を聞き分ける能力には限界がある。だから、聞いて区別できる音高は、結局のところ有限個でしかない。また、そのようなわずかな音高の違いを、歌い分けたり楽器で弾き分けたりするのは大変な苦労だ。

そのうえ、音の数が多すぎると、それらを個別に同定するのが難しい。同定というのは、例えば、地べたのたくさんのアリを一緒くたにとらえるのとは違って、AアリとBアリをそれぞれ別のアリとして区別して認識するような認知のし方である。音階音も二、三個であれば、この音がドであの音がソなどと、ひとつひとつ区別して認識できるが、二十や三十ともなるとそれは困難だ。アイドルも、ももいろクローバーＺや嵐のように少人数ならひとりひとりを識別できても、ＡＫＢ48のように数十人ともなると、どれが誰だかお手上げなのと同じである[*6]。

つまり、連続量のままの音高は、情報が多すぎるのである。そこで、脳の限られた情報処理能力に見合うように音高を有限個に限定し、そのひとつひとつにドレミなどの名前を付けて識別することで、音楽に使えるようにする。

これが、脳にとっての音階の存在意義である。

脳に最適な音階とは？

音階が脳の都合で作られるとすると、脳にとって最も都合の良い音階とはどのようなものだろう。

音階音の数は少ない方が、脳の処理が簡単で良い。その反面、単純な音楽しか作れなくて

図4・5　音階を作るときに円をいくつに分割するかで、音楽の性質が変わる。分割が少なすぎると単純な音楽しか作れないが、多ければ多いほど良いというわけでもない。どこかに適切な分割数があるはずだ。

つまらないという欠点がある。例えば、ドレミの三音だけの曲は単純でわかりやすいが、すぐに飽きてしまい、もっと複雑で洗練された音楽が聴きたくなる。

しかし、逆に音の数が多すぎても、ヒトの認知能力を超える難しい音楽になってしまう。また、あとで詳しく説明するように、不協和音が増える副作用もある。音程をあまり細かく刻むと、隣どうしの音高が近付きすぎることで濁った不協和な響きが頻発するのだ。

このように、音階音の数は少なすぎても多すぎてもよろしくない。これらの相反する要素に折り合いを付ける、ちょうど良い音階音の数が、どこかにあるはずだ（図4・5）。それはいったいいくつか、ということが問題だ。

単純すぎる一音音階

そこで、音階音がひとつしかない一音音階から始め、少しずつ音を足していってみよう。そして、どこまで増やすと過剰になるか調べることにする。

その出発点である一音音階とは、オクターブの円上にただひとつだけ点（音）がある音階だ。例えば、体育のホイッスルや、（壊れて）ひとつの音しか出せないクラリネットを想像すると良い。こうした楽器では、ひとつの音高にリズムや強弱で変化をつけて音楽を作ることになる。これはこれでなかなか楽しいが、すぐに飽きてしまう。

退屈を防ぐのに、オクターブの変化を加える手がある。様々なオクターブの〝同じ音〟だけを使って、音楽を作るのである。ピッチクラスがひとつなので、これも一音音階の範疇だ。例えば、ジョルジュ・リゲティの作曲した『ムジカ・リチェルカータ第一番』には、音域の違うAの音しか出てこない。[*7] リズムやテンポや音の大きさの変化のおかげで二、三分の曲を最後まで飽きずに聴けるのは、さすがリゲティだ。とはいえ、音の響きに多様性がないのは否めない。

そこで、自然な欲求として、音階音を増やしてみようということになる。

なお、一音音階におけるただ一つの音を、「ド」と呼んでおこう。これは、音名やピッチクラスではなく、階名としての「ド」である。

複雑化への第一歩：旋律重視の道

ここから先、音を増やしていくには、大きくふたつの方向性がある。ひとつはメロディーを作るために音を加える「旋律重視」の道である。もうひとつは、二つ以上の音を同時に鳴らすことで音の響きの多様性を生み出す「和声重視」の道だ。前者は、音を経時的に並べ、後者は同時的に配置するという違いがある。

まずは、旋律重視の方針で、音階音を増やしてみよう。

この場合、大きな跳躍を避けて、旋律がなめらかに歌いやすいように音を選ぶのが自然である（ピザも小さめに切った方が食べやすい）。すると、音階音は中心であるドの近くに偏って配置されることになる。こうして出来上がるのが、ドとレの二音音階や、ドレミの三音音階だ（図4・6〈左〉、次ページ）。昔懐かしいチャルメラや豆腐売りのラッパの、「♪ド〜レ〜（とーふー）」や「♪ドレミ〜レド・ドレミレドレ〜」といった旋律が、この音階から生まれる。

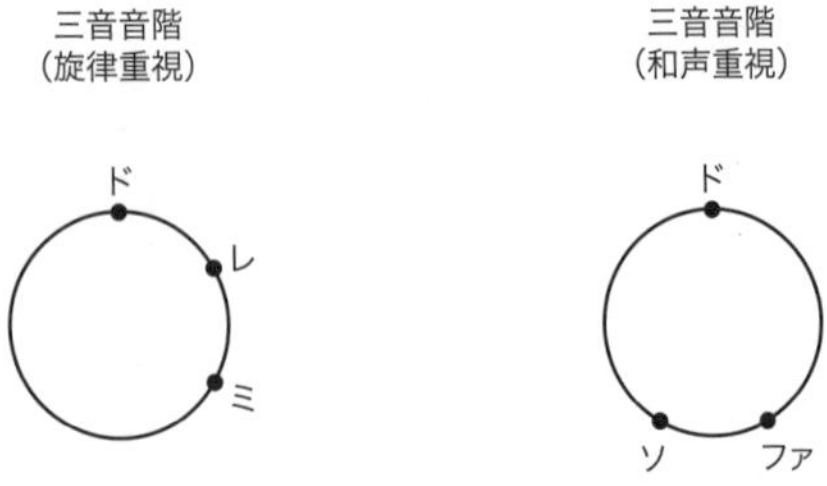

図4・6　三音音階の例。音楽のどの側面を重視するかによって、分割が違ってくる。

なお、このような単旋律の音楽では、同時にひとつの音しか鳴らないのが暗黙の了解だ。豆腐売りのおじさんが何人も集まってセッションをする事態は想定されていないのである。そのため、二つ以上の音の組み合わせによる、協和・不協和の響きは考慮されない。結果、チャルメラの三音は、なんとなく「ドレミ」のように聞こえても、実は、ピアノの「ドレミ」とは微妙に音高が一致しないという事態が生じる。[*8] ピアノのドレミは、（曲がりなりにも）和声重視の道を経て得られたものなので、チャルメラのドレミとは由来が違うのである。

複雑化への第一歩：和声重視の道

一方、和声重視の道で音階音を増やすには、旋律の歌いやすさより、複数の音が同時に鳴ったときの協和・不協和の響きこそを考慮しなくてはならない。協和とは、同時に鳴る音がどのくらい溶け合ってきれいに響くかという感覚で、反対に、溶け合わずに濁って聞こえるのが不協和である。俗に言う、ハモる（協和）とか、ぶつかる（不協和）といった感覚だ。

音楽は、基本的には協和的であることが必要だ。とすると、最初に加えられる音は、ドと同時に鳴らしたときに最もきれいに協和的に響く音となる。この条件を満たすのが、ソとファだ。すぐあとで説明するが、この二音は一音ずつでなく、一気に同時に追加されることが理論的に宿命付けられている。こうして、ドとファとソの三音音階が完成する（図4・6〈右〉）。

ただ、ドとソとファの三つでは跳躍が大きすぎて旋律が作りにくいため、この三音だけからなる曲というのは実際には少ない。音階におけるこの三音の役割は、音楽の構造を支える縁の下の力持ちのようなものであって、旋律のようなきらびやかな表舞台の主役となるには無骨すぎるのだ。その無骨な役割とは具体的には、安定から不安定、不安的から安定といった、緊張と緩和の波を作ることで、音楽に推進力を生み出すことである。例えばロックバンドのベースやオーケストラのティンパニが、この三つの音だけでそれなりに役目を果たすことができるのはそのためだ。なお、この三音は音楽理論的に重要なため、ドは主音（トニック）、ファは下属音（サブドミナント）、ソは属音（ドミナント）という特別な名前まで付いている。

こうして、二音や三音の音階は、一音音階と比べて格段に変化に富んだ音楽を生み出すことができる。しかし、これでもまだ、ヒトの音楽への欲求を完全には満足させられない。だから、音楽の複雑化のため、音階音はさらに増えていく。

ただし、ここから先、我々は和声重視の道を選ぶことになる。というのも、仮に旋律重視の道を選んだとしても、いずれ結局、和声重視の道に合流するからだ。

西洋音楽の歴史では、素朴な単旋律をより複雑に魅力的にする工夫として、対位法が生まれた。対位法とは、『かえるのうた』の輪唱のように、複数の旋律を同時に重ねて進行させる作曲技法である。旋律を重ねると、必然的に、二つ以上の音が同時に聞こえる事態が頻発する。すると、どのような音を組み合せると耳に心地よいかを考慮せざるを得ず、これが和声学の始まりとされる。旋律の複雑化は、和声の複雑化につながるのである。

こうして、音の組み合わせによる和声の響きを重視しつつ、音階音の数を増やすという、基本方針が定まった。

音程と協和度

ここでいう和声の響きとは、すなわちそれが協和か不協和かということである。二つの音を同時に聞くと、その音程（音高と音高の隔たり）ごとに、固有の協和・不協和の響きを感じる（図4・7、次ページ）。

例えば、ドとドや、レとレのように、同じ音高どうしの「完全一度」や、一オクターブにあたる「完全八度」の音程は、濁ることなく溶け合い、とても協和的に響く。〝同じ音〟なのだから、当然と言えるかもしれない。その次に協和的なのが、ドとソなどの「完全五度」と、ドとファなどの「完全四度」の音程だ。反対に、ドとその半音上のド♯のような「短二度」の音程は、極めて不協和だ。なお、この短二度とは、図4・4（111ページ）に出てきたピザ30度の分け前の「半音」と同じものである。

音程を表す「度」という単位がわかりにくいかもしれない。これは、基準の音をひとつ目（一度）と数え、そこからいくつ音が離れているかを表したものだ。例えば、ドから数えると、ソは「ドレミファソ」と五つ目なので五度となる。本当は、この度数の上に、短や長や減や完全といった接頭辞が付くのだが、本書の理解には不要なので説明は省略する。ここで

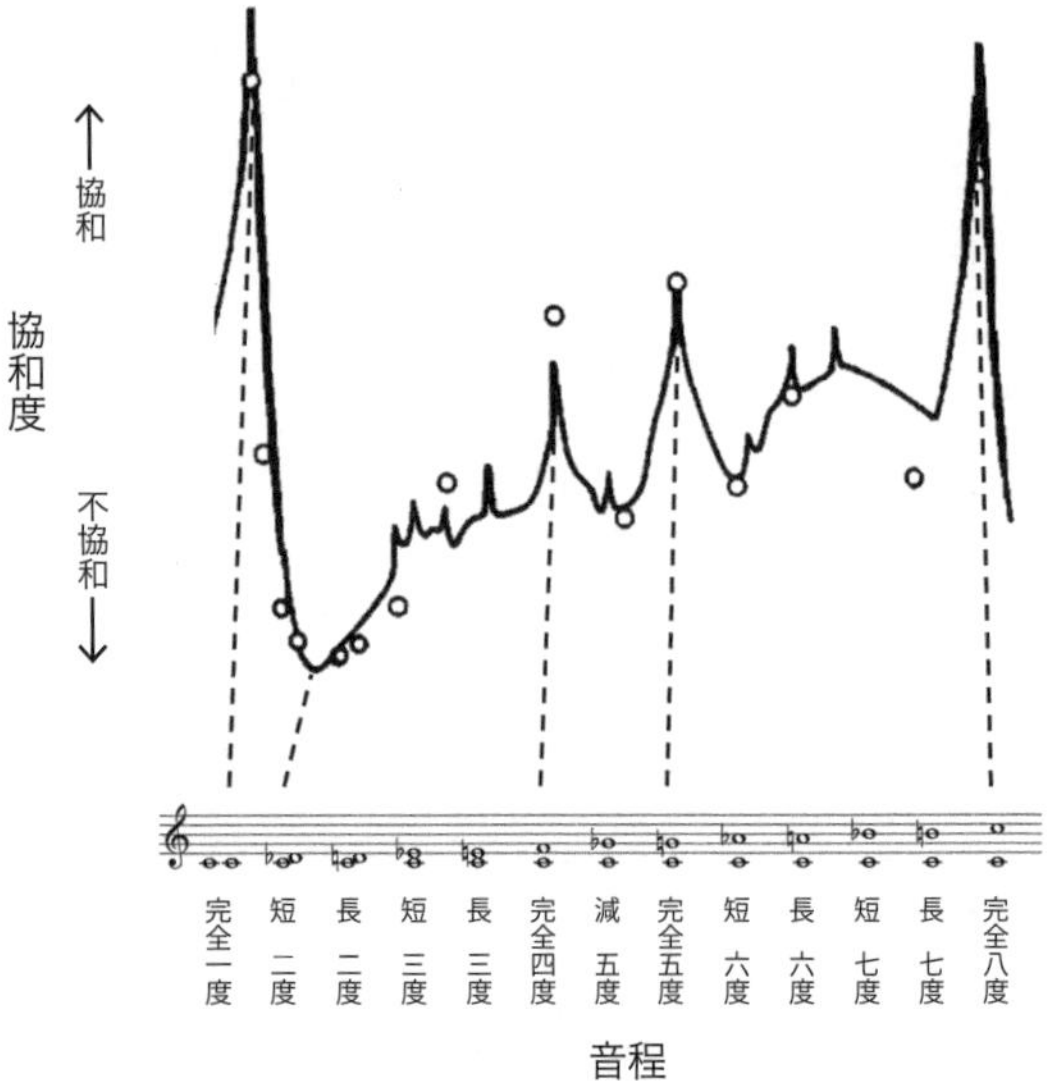

図4・7 音高と音高の隔たりの大きさを音程（interval）いい、同じ音どうしは完全一度、半音の隔たりは短二度、全音の隔たりは長二度などの名前が付いている。音程の違いによって様々な協和度の響きが生じる。完全一度、完全八度、完全五度、完全四度の順に協和度が高く、逆に不協和度の最も高いのが短二度である。

Kameoka & Kuriyagawa, “Consonance theory part II: consonance of complex tones and its calculation method.” J Acoust Soc Am.（1969）より許諾を得て改変。

重要なのは、音程によって図４・７のような協和度の違いがあることである。

音階は二音ずつ増える

　さて、一音音階から始めて音を追加していくとき、その音階から生まれる音楽が協和的に響くには、もともと音階にあった音と新しく加えられる音が、互いに完全五度の関係になるように音を加えると良い。本当は、完全五度よりも完全一度（もとと同じ音）や完全八度（もとのオクターブ上や下）の方が協和的なのだが、これらはオクターブの円では〝同じ音〟なので、新しい音階音を追加することにならない。だから、完全一度や完全八度はど協和的ではなくとも、つまり完璧にはきれいにハモらなくても、それでも音楽を少しでも複雑にしようという欲求から、その次に協和的な完全五度の音を加えるのである。

　一音音階のただひとつの音をドとすると、これと完全五度の関係にある音は、ドの上下にひとつずつある。すなわち、ド（主音）の完全五度上のソ（属音）、そして、ドの完全五度下のファ（下属音）の二音を音階音に加えれば良い。[*9] これが、さきほど紹介した、ドとファとソによる三音音階である（図４・６〈右〉、１１８ページ）。

五度と四度は裏表

ここでポイントなのは（そしてわかりにくいのは）、音階に完全五度の音を加えると、同時に、完全四度の音も加わるということである。確かにややこしいが、ゆっくり考えれば理解できるのではないかと思う。

我々は、オクターブ等価性を大前提として認めたうえで、音階を作っていることを思い出そう。この場合、音階にソを加えるということは、ある特定の音域のソだけを加えるのでなく、どのオクターブのソも同時に加えることを意味する（これこそが、オクターブ等価性の前提だ）。このとき、あるドから見て上にあるソは完全五度だが、そのドの下にあるソは完全四度である（図４・８〈左〉）。だから、ソひとつを加えるだけで、完全五度と完全四度が同時に生じるのである。

同じことを、円の分割で表現するとこうなる。ドから時計回りの２１０度でソを切り出すと、その反対側には、反時計回りで１５０度の完全四度の音程が自動的に生じる（図４・８〈左〉）。だから、完全五度の音を加えると、必然的に、完全四度の音も加わってしまうのである。都合の良いことに、完全四度は完全五度の次に協和的だ。その点、協和度の高さを重

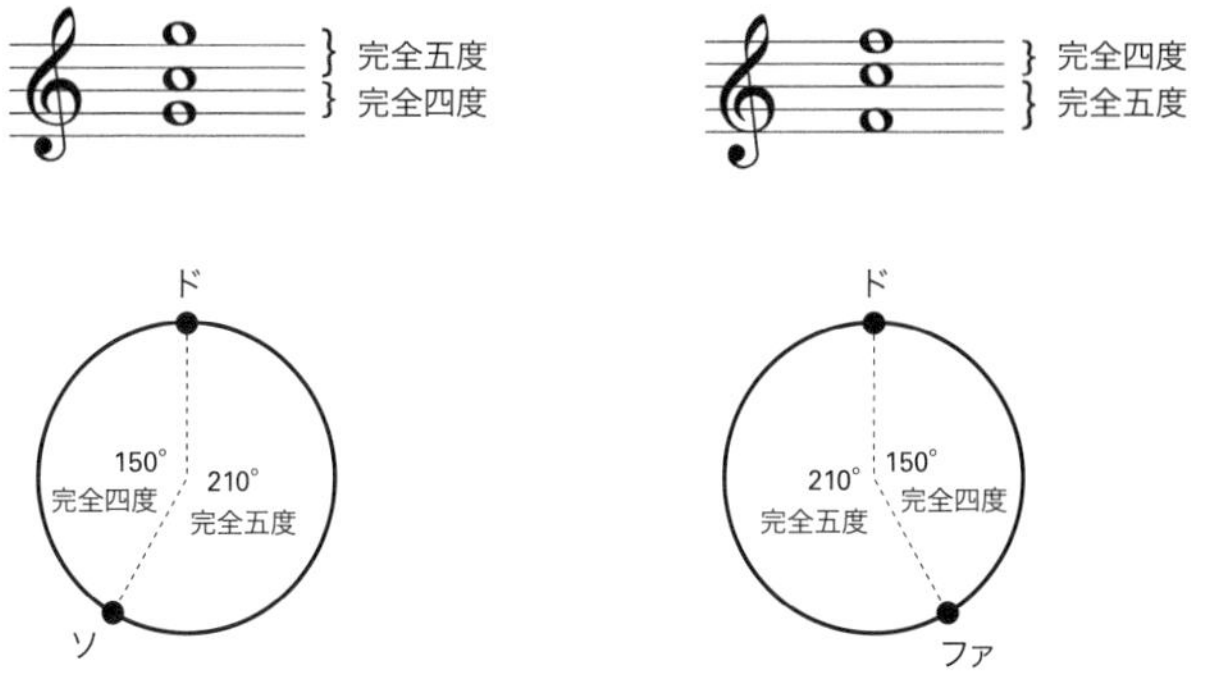

図4・8　ドとソの関係は、ドから上にソを見れば完全五度で、下にソを見れば完全四度である。オクターブの円では、完全五度と完全四度は表裏一体の関係にある。ドとファについても、同じことが言える。

視する方針にも矛盾しない。

　ファについても同じことが言える。なぜなら、ドから時計回りにファを見れば完全四度だが、反時計回りに見れば完全五度だからだ（図4・8〈右〉）。つまり、完全五度と完全四度は表裏一体で、そのどちらかだけを音階に加えることは原理的に不可能である。これは、音階をオクターブの円の分割として考えることによる必然である。

　音程に形を感じる共感覚者に会ったことがある。彼女にとっての完全五度の視覚イメージは四角いトンネルのような構造で、その図形を反対側から見ると完全四度だという（図4・9、次ページ）。オクターブの円における完全五度と完全四度の裏表一体の関係が、律儀に共感覚に反映されているようでとても興味深い。

五音音階の完成

音階音を増やす作業に戻ろう。まずは一音音階に、ドの完全五度上と完全五度下を加えることで、ドとファとソからなる三音音階ができたのだった。そこで、この三音音階に、さらに完全五度を加える。すると、先ほど説明したように、完全五度を加えると完全四度も同時に加わるので、いっきに二音が追加されて、五音音階が完成する。

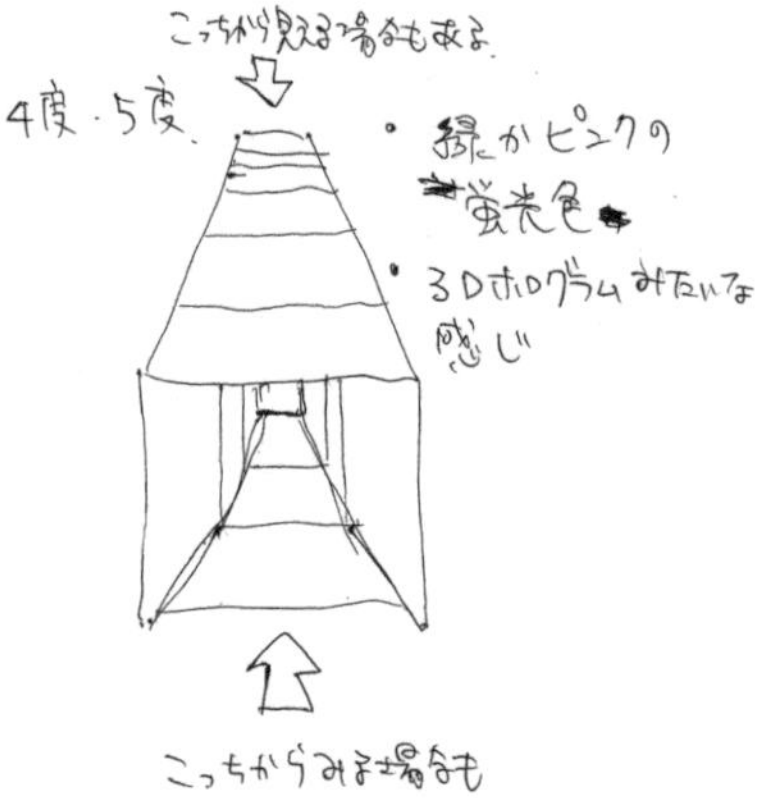

図4・9　共感覚者の描いた完全五度と完全四度の視覚イメージ（本人による描画）。

ただ、後の都合のため、いったん一音音階の状態に戻り、最初の一音に（ドではなく）レという名前を付けておくことにする。[*10] この一音音階に完全五度を加えると、レとソとラの三音音階ができるが、これは先ほどのド・ファ・ソの三音音階と同じものである（円の分割の

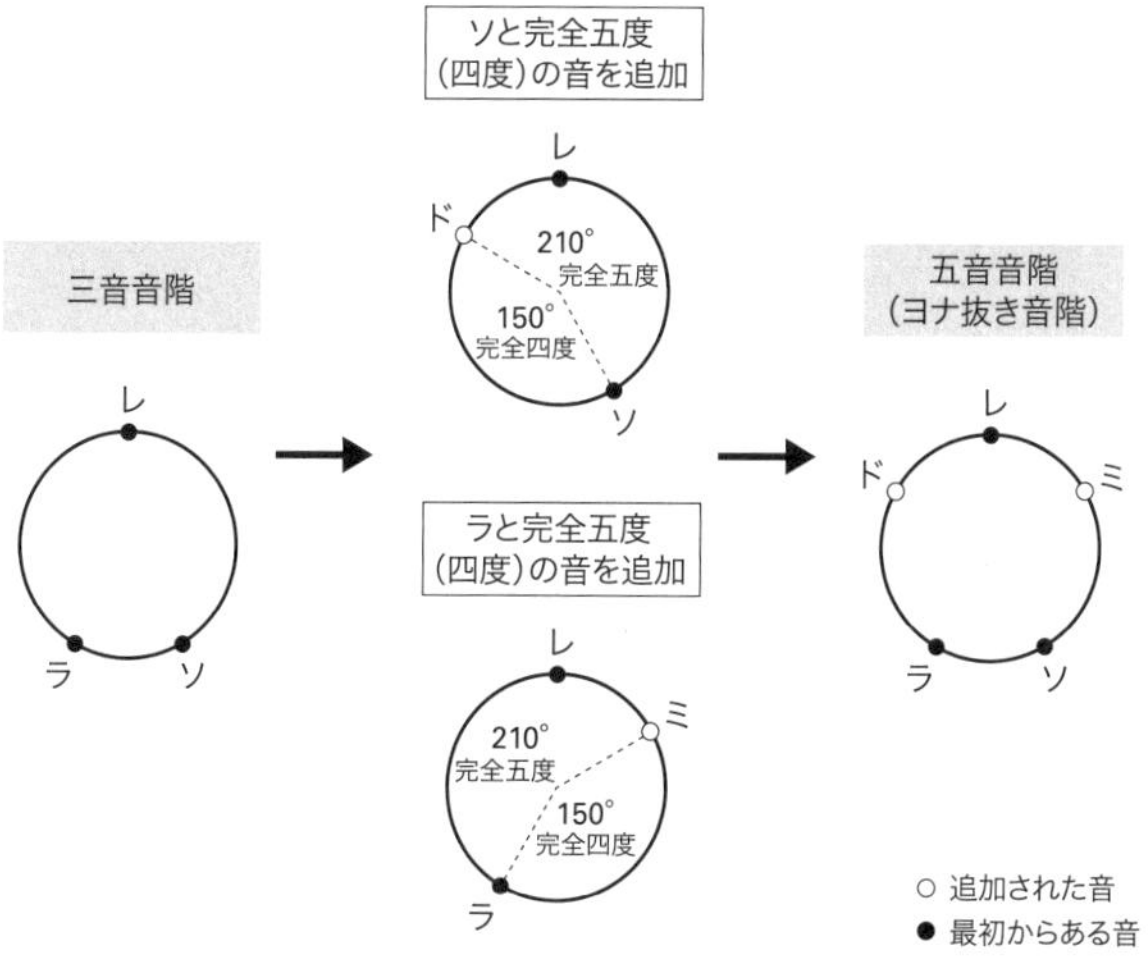

図4・10　レソラの三音音階に完全五度（完全四度）の音を追加して五音音階を作ると、ドレミソラの五音音階（ヨナ抜き音階）が完成する。

角度が同じなので、音階としての性質が同じである）。

そして、このレ・ソ・ラの三音音階に、さらに完全五度の音を加える。それには、先ほど追加したソとラについて、それぞれの完全五度（210度）にあたる音を足せばよい。すると、ラの完全五度上のミと、ソの完全五度下のドの、ふたつの音が加わることになる（図4・10）（ソとラのそれぞれに対してレも加えるべきだが、この音は最初から音階にあるので、新しく加わるのはドとミの二音だけである）。

こうして、ドレミソラの五つの音からなる音階が完成した。これまでの一音音階や三音音階と違い、この五音音階を使った曲は非常に多い。大人気の音階なのだ。『こいのぼり』（♪屋根より高い〜）や『たなばたさま』（♪笹の葉さらさら〜）など、童謡にはこの音階の曲がたくさんある。他にも、スコットランド民謡の『蛍の光』（♪蛍の光〜）や、坂本九の『上を向いて歩こう』もそうである。

音階が三音から五音になったことで、音楽の表現の幅が圧倒的に広がったことが実感できる。音階の完成系のひとつが、ここにあると言って良い。この五音音階はあまりによく使われるので、「ヨナ抜き音階」という特別な名前までついている。ヨナ抜きとは、ドレミファソラシの七音から、四（ヨ）番目のファと、七（ナ）番目のシを抜いたという意味だ。

この音階を使った曲は、どこか素朴で懐かしい感じがする。裏を返せば、この音階を使う限り、機知、複雑、洗練、お洒落といった雰囲気が出しにくいということでもある。そのため、素朴な音楽に飽きれば、五音よりさらにもっと音を増やそうと欲求が芽生えることになる。例えば、ＡＫＢ48のヒット曲『恋するフォーチュンクッキー』の旋律は、そのほとんどがヨナ抜き音階なため、どことなく懐かしく親しみやすいが、所々にヨナ抜き音階以外の音をわずかに差し込み、新しさのスパイスを良い塩梅で注入しているからこそ、古臭い感じに

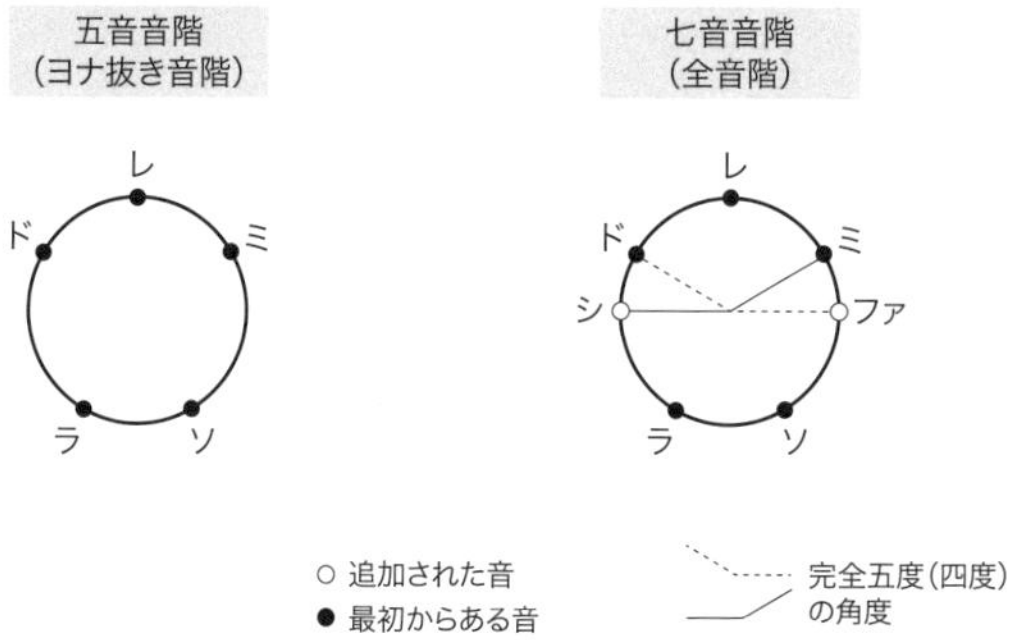

図4・11　ヨナ抜き音階に完全五度（完全四度）の音を追加して七音音階を作ると、ミに対してシ、ドに対してファが加わることで、ドレミファソラシの七音音階（全音階）が完成する。そのとき、ミとファ、シとドの間に半音の音程が生じる。

はならないのである。

七音音階の完成

　こうして、五音から七音へと、さらに音階音が増えることになる。やり方はこれまでと同じだ。ドレミソラの五音音階に完全五度を足すと、ドの完全五度下のファと、ミの完全五度上のシが新しく加わる（図4・11）。この仕組みでは、音階音は必ず二音ずつセットで増えることを思い出そう。

　ついに、ドレミファソラシの七音が出そろった。誰もが知る七音音階の完成だ。その使用例はあまりにも多く、あえて例示するまでもないだろう。音楽理論において、全音階

（ダイアトニックスケール）と呼ばれる音階である。[*11]

ここで、ミとファ、およびシとドの間隔が、30度の短二度（半音）になっていることは特筆に値する。一音から音階音を徐々に増やしてきて、七音になったところで、ついに初めて、半音が生まれたのである。これがいかに決定的な事件かは、すぐあとで説明する。

なぜ七音でやめるのか

この調子で進めば、音階音を九音や十一音と、理論的にはどこまでも増やしていける。しかし、実際には音階音はこれ以上に増えないことを、我々は知っている。なぜ、七音でやめるのか。まさにそれが、我々が答えなくてはならない問題である。筆者の知る限り、音階の成り立ちを説明するこれまでのどの理論も、この理由をきちんと説明していない。音の周波数に基づいて物理学的に説明をしようとする限り、それは不可能だと思う。

ここで思い出すべきは、「脳機能主義」の原則である。音階が七音であることも、虹が七色であることも、ＡＫＢ48の神が七人であることも、それを決めたのはヒトの脳である。ヒトの脳がどう働くかということにこそ、音階が七音であることの原因があるはずだ。

そもそも、音階音が少ないと音楽が単純でつまらない、だからもっと複雑にしたいという脳の欲求を満たすために、音を増やしてきたのだった。しかし、その脳の機能には制約がある。音があまり増えすぎても手に余るのだ。どこかに、ちょうど良い音の数がある。

実を言うと、音階音を五つから七つへ増やしたところで、脳の能力の限界をわずかにだが超えてしまった。だから、もうこれ以上には音の数を増やせない、ぎりぎりの事情がある。

その事情とは、臨界帯域と、マジカルナンバーである。

臨界帯域

二つの音が同時に聞こえると、その音高の隔たり（音程）に応じて協和・不協和の響きが生まれる。とくに、短二度（半音）の音程が、際立って強い不協和だった。この原因は、耳の「臨界帯域」という仕組みにある。

耳から入った音の振動は、鼓膜の奥にある蝸牛へ伝わり、蝸牛[*12]の中にある基底膜をぷるぷると振動させる。基底膜とは、蝸牛の入り口から奥に向かって延びる細長いリボンのような構造で、この上には音の振動を感じるセンサーの細胞（有毛細胞）がずらりと並んでいる。

高い音に対しては、蝸牛の入り口近くの基底膜が振動し、そこに固定された有毛細胞が振動を感知して脳に信号を送る。低い音では基底膜の奥が振動し、中くらいの高さの音では中ほどの位置が振動する。このように、基底膜では、音の高さと振動の位置が一対一に対応している。

だから、二つの音が同時に鳴れば、基底膜の二か所が同時に振動する。二つの音の周波数が十分に離れていれば、基底膜上でも空間的に十分に離れたところが振動し、振動どうしが干渉することはない。しかし、二つの音の周波数が近いと、基底膜上の振動が互いに干渉してしまう。どの程度まで周波数を近づけると干渉するか、その限界を示す指標が、臨界帯域である。

臨界帯域よりも十分に離れた二つの音は、基底膜の上でも離れたところが振動し、知覚的にも二つにきれいに分離して、濁らずに協和的に聞こえる。反対に、周波数の差が臨界帯域に満たない近接した音は、その振動が基底膜上で物理的に干渉し、また知覚的にもよく分離せず、「うなり」や「粗さ」の感覚を引き起こす。これが、音楽における不協和の感覚の原因である。

音楽に即していうと、臨界帯域の幅に相当する音程は、長二度（全音）から短三度（全音

＋半音）くらいである。[*13] そのため、これより狭い短二度（半音）では、二つの音が干渉することで、とくに際立って不協和に聞こえるのである。つまり、全音とは、ごくおおまかに臨界帯域ひとつ分に相当し、協和と不協和のぎりぎりの境目の音程なのだ。音程の単位としての「全」音という言葉には、こうした生物学的な裏付けがある。半音は、その半分の幅だから「半」音である。

　これが協和や不協和が生じるメカニズムだが、ピアノなどの楽器の音は複数の周波数成分（倍音成分）を含むので、たったひとつの音でも基底膜上では複数の位置が同時に振動する。そのため、協和・不協和の生じる仕組みの説明も、それらすべての倍音を同時に考慮しなくてはならない。実は、図４・７（１２２ページ）の協和度のグラフは、こうした倍音の影響を既に織り込んだものである。だから厳密には、このグラフの凹凸の詳細は楽器の音（倍音構造）によって変化する。ただ、どのような場合でも、短二度（半音）が最も不協和なことに変わりはない。この最後の点が、重要だ。

　このように、蝸牛の臨界帯域の仕組みによって、短二度（半音）は必ず強い不協和になる。だから、音階音にこの音程が加わることは、協和的な響きを求める和声重視の方針にそぐわない。

マジカルナンバー7（±2）

心理学者ジョージ・ミラーの論文によれば、ヒトの情報処理容量は7（±2）個までという上限があり、これはマジカルナンバーと呼ばれている[*14]。

ヒトの情報処理容量を測る例としてミラーがまず挙げたのは、いくつかの刺激を区別してラベル付けする課題である。具体的には、様々な高さの音を聞かせて、それらのピッチに1や2のように数字を割り当てて答えさせる。すると、ピッチの数が四個までであれば、被験者はまず間違えることはない。しかし、五個以上になるとミスが出始め、六つか七つ程度で成績は頭打ちとなる。つまり、インプットとしての刺激の音高の種類をいくら増やしても、アウトプットとして報告される音高の種類は、多くて六個程度なのである（絶対音感や音楽訓練の影響は考慮していない）。

音の高さではなく、音の大きさで同じように調べると、上限は五種類ほどだった。味覚や視覚など様々な条件で実験をすると、ヒトがこのような課題で区別できる上限は三から十五の範囲で、平均すると六程度だった。

また、即座認知といって、テーブルに散らばったビー玉の数を一目で瞬時に把握するような課題でも、正確に答えられるのは六個程度までだった。また、電話番号を復唱するように、経時的に提示された要素をいくつまで覚えられるかという短期記憶を調べると、その容量は七前後だったという[*15]。

このように、様々な脳処理について容量の上限が六あたりの個数になる。この結果が、七不思議、七つの海、七つの大罪など、七という数字がよく出てくることといかに関係するのか、ミラーは深く悩まされた。しかし最終的には、これは単なる偶然の一致だろうと、ある意味答えをあきらめて論文を結んでいる。

音階が七音であることも、マジカルナンバーの原理だけですぐに説明できるわけではないだろう。ただ、複数の音高をラベル付けして区別する容量の上限が六程度だという脳の制約が、音階のあり方とまったく無関係ということも考えにくい。

七音で一線を超えた

ここで、音階音の数を一音から増やしていったときのことを振り返ると、五音から七音にしたときに、大きな事件がふたつ起きていたことがわかる。

ひとつは、初めて半音が生じたことである。これにより、顕著に不協和な響きが登場した。ドレミソラの五音音階までは、音階の隣り合う音は、必ず全音以上離れている。だから、どのように適当に音を組み合わせても、全音（長二度）より強い不協和は、絶対に生じない。しかし、七音音階では、ミとファ、シとドの間が半音なので、この二つが同時に鳴ると不協和が明らかに目立つ。

これは、ピアノのでたらめ弾きをするとよくわかる。黒鍵の五つの音はヨナ抜き音階になっているので、黒鍵だけを適当に弾き散らかしても、決して半音の不協和は生じない。何をどう弾いても、なんとなくそれっぽく曲らしく聞こえ、〝間違った〟感じにはならないのだ。しかし、白鍵の七音、つまりドレミファソラシのでたらめ弾きでは、事情ががらりと変わる。半音による耳障りな不協和が生じるので、どうしても〝間違って〟聞こえてしまうのだ。

五音が七音になると起こるもうひとつの事件は、音の数がマジカルナンバーを超えることである。いくつかの音高をでたらめな順番で聞いて、それぞれの音に名前を付けて区別しようとすると、音の数が四、五個までなら簡単だが、それ以上になると間違いが増える。つまり、五つ程度ならまだしも、七つの音を（単に違いを聴き分けるだけでなく）、個々が何の音であるかまで含めて同定するのは、（音楽訓練を受けていない一般の人には）決して簡単なことではない。

七音音階は、ヒトの限界を、少しだが確実に超えているのだ。

ちょっと超えるのが丁度良い

音楽が退屈になるのを防ぐために、音階音の数を増やしていった。ただ、退屈でないということは、不協和音による不快な感覚を受け入れたり、脳処理の負荷を増やしたりといった、いわば負の要素が混じることの裏返しでもある。

ドレミファソラシは、臨界帯域の点でもマジカルナンバーの点でも、ヒトの限界をちょっとだけ超えている。この「ちょっとだけ」というのが味噌である。臨界帯域から見ると、七音音階では半音は二か所だけだが、九音音階まで増やすと、音階のほぼ半分の四か所が半音になる。マジカルナンバーの点からも、七音音階では認知能力を一、二音だけ超える程度だったのが、九音音階ではそれが三、四個と倍増する。

このように、七音音階は、ヒト脳処理の限界をちょっとだけ超えているが、極端に超えすぎてもいない。この超え具合の塩梅が、丁度良いのだろう。寿司のワサビや鰻の山椒《さんしょう》もまったくないと寂しいが、多すぎるのもどうかと思う。協和的でわかりやすい素朴な五音音階に、不協和音の不快さや、音階音の多さによる複雑さを、スパイス程度に少しだけ加えると、音楽の魅力がぐっと増す。これが七音音階の魅力の原因である。

十二音音階の正体

とはいえ、ピアノの鍵盤には十二音あるではないかと疑問を持つかもしれない。十二音音階こそが音楽の基本なのではないか、という指摘である。そうではない。基本はあくまでも七音音階で、これを活かす仕組みとして楽器に十二音が用意されているのだ。

ずっと同じ七音音階ばかり使っていると、聴き手は飽きてしまう。そこで用いられるのが転調という作曲テクニックだ。ドにあたる音、つまり主音（トニック）を別の音に変えることで、聴き手の注意を引き付け、音楽に新鮮な感じを呼び戻す。

ハ長調（ドレミファソラシド）からト長調（ソラシドレミファ♯ソ）への転調を考えよう。すると、もとの音階にあったファが使われなくなり、代わりに新しくファ♯が登場する。それならば、ファ♯の音を、最初から楽器に用意しておくと便利である。同じように、ト長調から二長調への転調では、ドの代わりにド♯が必要となる。このように様々な転調に備えるとなると、十二音が必要であり、かつ、十二音で十分なのである。

つまり、十二音音階とは、それ自体がひとつの音階というより、様々な調の七音音階を選び出してくるための控えの集合と考えるのが理にかなっている。スポーツ競技でいえば、七音は最初から試合に出るスターティング・メンバーで、その他の音は交代要員としてベンチに控える選手のようなものだ。

七音音階こそが基本である証拠に、半音階の十二個の音を表すのに、ドレミファソラシの七つの言葉しかない。足りない分は、♯と♭という臨時記号を付けた派生音として扱うのだ。もし十二音音階こそが基本なら、音階音を表す正規の言葉が、ドレミファソラシ以外に、あと五つあってしかるべきである。

確かに音楽の歴史では、新ウィーン楽派のように十二音を基本の音階にしようとする動きもあり、それはまだ続いている。しかし、それが大きな広がりを見せないことこそが、大多数の脳にとって十二音が多すぎることを証明していると言えよう。

その他の音階は味変

ラーメンを食べるとき、筆者は味変というテクニックを愛用する。味変とは、最初はそのまま食べ、途中から胡椒を加えたり辛子味噌を足したりして、味に変化を付ける方法だ。餃子のタレにも使える。醤油、酢、ラー油などの比率を変えることで、無限の味の変化が楽しめるのだ。もはや餃子というより、タレを食べている気さえしてくるのである。

脳は、情報処理を目的とした器官だ。だから脳が情報を欲するのは、本能とさえ言える。脳が受け取る情報の本質は、感覚入力そのものというより、感覚入力の「変化」である。逆に言えば、変化のないところに情報はない。味変とは、味に情報を付加するテクニックである。

音楽にも変化が必要だ。というより、変化こそが音楽である。だからこそ、世の中にはこれほどたくさんの音楽が溢れている。至高の一曲の最高の演奏ただそれだけを、一生聴いていれば満足するものでは決してない。例えば、ベートーヴェンの『第九』だけで、いったいいくつの録音があることか。これはもはや、曲そのものを楽しんでいるというより、演奏による違いや変化を楽しんでいると言っていい。ラーメンの味変と、たいして変わらない。

そう考えると、いかに七音音階が優れていても、ただそれを使い続ければ良いわけではないことがわかる。ドレミファソラシは優れているが、永遠の絶対ではない。ドレミファソラシの七音を基本に、様々なヴァリエーションの音階を派生させることで、まるで味変のように多様な音楽を生み出すのである。

例えば、ドレミファソラシの全音階で、ミとラとシの代わりにミ♭とラ♭とシ♭を使えば、自然短音階と呼ばれる音階になる。ジャズやブルースでは、ミやソやシを半音下げた音（通称ブルー・ノート）を加えた音階が多用される。ヨナ抜き音階も、その名が示す通り、ドレミファソラシからファとシを抜いた派生音階とみなすことができる。

このように、ドレミファソラシの音を、半音上げたり下げたり、抜いたり足したりして、無限とも言える音階の変化系を作り出すことができる。この変化の母体となる、音階の母のような存在が、ドレミファソラシの七音なのだ。[*16]

その証拠に、音階がどのように作られようと、その新しい音階音を表すには、ドレミファソラシの七つの言葉を使う。すなわち、この七音以外の音を加えるからといって、新しい名前の音（例えばモ?）を足すのでなく、もともとのドレミファソラシに♯や♭の記号を付けて表すのだ。音階から音を抜くときもそうだ。ヨナ抜き音階には五音しかないからといって、ドレミファソラシの最初の五つを取って「ドレミファソ」と呼ぶわけではない。あくまでも、ファとシを抜いた「ドレミソラ」ととらえるのである。

言葉のあり方を見る限り、ドレミファソラシこそが、絶対的な暗黙の基本なのである。

外しと流行

基本を押さえたうえで、そこにわずかな外しや変化を加えると魅力が生まれる。そのような仕組みは、音楽に限らず、美術や芸能や料理やファッションなど、多くの営みに共通している。基本とは、いわば最大公約数的な要点で、それさえ押さえれば及第点が取れる。しかし、何かが物足りない。そこで、少しの外しや変化を加えることで、どこか割り切れない新鮮な感覚が生まれ、それが魅力となる。この魅力こそを、我々は音楽に求めている。

ただ、外しや変化も、同じものが何度も繰り返されると新鮮さを失う。慣れることで、その変化自体が新しい基本の一部として吸収されてしまうのだ。こうして、変化のベースとなる基本そのものが、時間とともに進化する。これが流行だ。

音楽にも、もちろん流行がある。今でこそ、ドレミファソラシの七音音階が幅を利かせているが、過去にはそうでない時代もあったし、今後どうなるかもわからない。

しかし、音楽のあり方がヒトの脳機能で決まっている以上、そしてヒトの脳が大きく進化しない限り、音階音の数は、五音から七音の間に横たわる〝限界の境界〟を中心に、そこから大きく外れることなく、いつまでも揺らぎ続けることだろう。

＊1　聴覚心理学のトライトーン・パラドックスの実験。
＊2　ミッシング・ファンダメンタルの知覚。
＊3　この周波数は国やオーケストラや時代によって異なる。
＊4　chromaとは色という意味だ。ドレミファソラシに色があることを暗示している。
＊5　筆者の家庭だけだろうか……。
＊6　ＡＫＢ48ではファンの人気投票で上位七位に入ったメンバーは神七《セブン》と呼ばれ、ひとりひとりが同定されやすい。ここにも、七が出てくる。
＊7　唯一、最後にだけDが出てきてびっくりする。
＊8　チャルメラのドレミの間隔は、ピアノより少し広い。
＊9　主音に対して下方にある属音が下属音で、下属音という名前はここから来ている。
＊10　ドのままでも、あとで移調をすれば同じことなのだが。
＊11　全音音階とは違うものであることに注意。
＊12　高校までの教育では「うずまき管」と習うようだが、この言葉は大学以上では使わない。なぜ最初から蝸牛と教えないのか。

＊13　正確には、この幅は音域によって違う。

＊14　この論文（Miller, GA. The magical number seven, plus or minus two: Some limits on our capacity for processing information Psychological Review 63(2), 81-97, 1956.）は題名は有名だが、本文を読んだ人は案外少ない。

＊15　その後の研究により、短期記憶の要素（チャンク）の数は四つ程度と修正されている。ただ、何をチャンクとみなすかは難しい問題である。

＊16　例外として、半音階と全音音階は、ドレミファソラシから派生したというより、オクターブを均等に分割するという数学的発想から生まれたと解釈する方が自然だろう。

ボックス 2

ドレミファソラシは音名か階名か、その2

第四章では、具体的な周波数の話はいっさいしていない。すなわち、音階を作るにあたっては、オクターブの円における音どうしの相対的な位置関係（分割の角度）が大切なのであり、この角度さえ保っていれば、個々の音の周波数が何ヘルツであるかはどうでも良い。とすると、本章のドレミファソラシが、階名を表していることは明らかである。

しかし、ドレミファソラシの共感覚の場合、その共感覚者にとってのドレミファソラシという言葉が音名と階名のどちらを指すかは、ややこしい問題だ。「ド」の共感覚色が赤だとして、「それは階名としてのド」が赤いのか、「音名としてのド」が赤いのか、区別が難しいのである。原因のひとつは、「ボックス1」で説明したように、ドレミファソラシという言葉が音名と階名の両方の意味で使われているからである。
しかも、もうひとつの解釈として、音名と階名の二つの意味が融合して一体化している可能性がある。会社で「部長」と言ったとき、役職そのものと同時に、その役職にある特定の人物を指すことがある。「お母さん」という言葉も、母という立場や役割を表す普通名詞に、特定の人物を指す固有名詞としての意味が重なり、その一体となった複合的な全体こそが、この言葉の意味となる。

音楽でも同じことが言える。ハ長調を前提にすると、「ド」という言葉は、Cの音高（あるいはピッチクラス）を指すと同時に、主音のドとしての意味を、あわせて持つことになる。絶対音感のある人の音高の認知は、暗にハ長調を前提としているような側面があるので、このような意味の融合が起こっている可能性は十分にある。

そのため、筆者の研究に協力してくれた共感覚者にとっての「ドレミファソラシ」という言葉は、音名だったかもしれないし、階名だったかもしれないし、これらの意味を両方とも同時に含んだものだったかもしれない。どれであったかは、わからないとしか言いようがないのだ。

ただ、こうした難しさを踏まえたうえで、あえて自説を述べるなら、共感覚で虹色になるのは、あくまでも階名としてのドレミファソラシなのだと思う。その根拠は、本書を読み進めると明らかになるはずだ。

第五章

虹はなぜ七色か？

ピンク・フロイドの「狂気」

なぜ虹は、七色なのだろう。

いや、そもそも、虹は本当に七色か？

プログレッシブ・ロックの名盤、ピンク・フロイドのアルバム『狂気』のカバーには、プリズムで分光された虹が描かれている（口絵4）。よく見ると、この虹は赤・オレンジ・黄色・緑・青・紫の六色である。虹が七色とするなら、一色足りない。

アメリカの理科の教科書には、虹は六色と書かれているものがある。元号が令和になった最初の紅白歌合戦で、歌手ＭＩＳＩＡが掲げたレインボーフラッグ[*1]も六色だった。江戸時代の絵師、司馬江漢《しばこうかん》は、西洋の博物学や自然科学を日本に紹介して、〝水ヲ噴《フイ》テ虹《ニジ》ノ象《カタ》チヲ見《ミ》ル　日光映《エイ》ジテ五彩《ゴサイ》ヲナス〟と記している。

虹は七色という常識そのものが、どうやら怪しい。

虹が七色になった年

一七〇四年は、人類にとって虹が七色となった記念すべき年だ。イギリスで、匿名の著者I・N・による科学本『光学』が出版されたのだ。[*2] I・N・とは、かの有名なアイザック・ニュートン。当時、日本は元禄文化が栄える江戸時代で、京都土産の八ツ橋が発明されたか、されなかったかという頃である。

ニュートンといえば、りんごが落ちるのを見て万有引力の法則を発見した逸話や、微分積分を発明したことで有名だが、『光学』もこれらに引けを取らない重要な科学史の一里塚だ。当時、光に色が生じるのは、ガラスなどの物質に光が接触すると光の性質そのものが変わるのが原因だと信じられていた。しかしそうではなく、白色光は複数の色成分の混合であること、そして色は色成分の組み合わせで決まることなど、今では小学生でも知る光の性質を、ニュートンは実験で示してみせたのである。

ニュートンの光学の実験で中心的な役割を果たした道具が、プリズムだ。窓の隙間から室内に差し込む太陽光が屈折率の違いで様々な色に分解されるのを、彼はおそらく何百回と観察したことだろう。

そこでニュートンが目にした虹は、五色だった。『光学』には、屈折の最も小さい端は赤、屈折の最も大きい端は菫《すみれ》、そしてその中間は黄、緑、青だったと書いてある。別の箇所でも、分光された光を櫛の歯のようなもので部分的に遮ると、赤、黄、緑、青、紫[*3]といった色が次々と現れたと記している。虹は五色というのが、当時の一般的な見方だったのだ。

しかし助手には七色が見えた

しかし、長くスペクトルの観測を続けるうちに、虹は七色のはず、いやそうあって欲しいという願望のような仮説がニュートンに芽生えた。その根拠（ともいえない根拠）は、音階が七音だからというものだ。音階が七音なのだから、虹も七色であってしかるべしというのである。ただの直感に過ぎないが、他の無名の誰かならともかく、ニュートンの直感なら、少し信じてみようという気にならないでもない（錬金術の失敗にも目をつぶる）。

ただ、ニュートン自身には、虹が七色に見えなかったのである。それでも彼は、自らの直感を信じた。そこでどうしたかというと、自分よりも〝目の良い〟助手を探し出し、虹がど

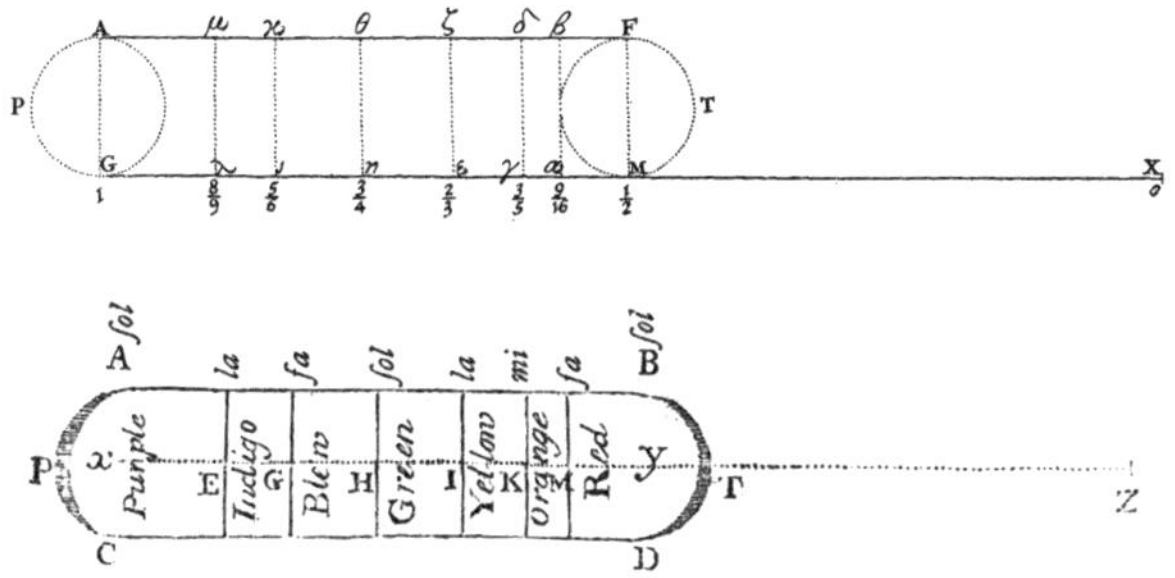

図5・1　光のスペクトル（虹）における色の分割が音階音の分割と一致することを示すニュートンの図。（出典：〈上〉ニュートン『光学』、〈下〉ニュートン『光の諸性質を説明する仮説』）

う見えるかを報告させたのだ。その助手が、プリズムの作るスペクトルを観察して、見えた色を書き込んだ結果が（図5・1〈上〉）である。

そこには、はっきりと七色が示されている。図5・1（上）では、光のスペクトル全体がAPG―MTFの帯として描かれ、色と色の境界が点線で区切られている。色は七つあり、線分$\alpha\beta$より右が赤、$\alpha\gamma\delta\beta$の領域が橙、$\gamma\varepsilon\zeta\delta$が黄、以下同様に緑、青、藍、菫である。そして、これらの色の境界の位置を計測すると、λXが8／9、ιXが5／6、ηXが3／4、εXが2／3、γXが3／5、αXが9／16、MXが1／2だった（線分GMを倍に延長した架空の線分GXを1としている）。これらの分数が、図の下に小さく書き込んである。

　助手の結果は、ニュートンにとって甚だ都合が良かった。というのは、色の区切りの位置が、音階を奏でる弦の分割と完璧に一致したのだ。GXを一本の弦とみなし、この全長を爪弾いたときに鳴る音がレだとしよう。ここで、弦をλのところで押さえてλXを弾くと、弦全体の8／9にあたる長さが振動するので、その音の周波数はレの9／8倍となり、レの全音上のミが鳴る。同様にιXを弾くとファ、ηXがソ、εXがラ、γXがシ、αXがドと続き、そして最後に、中点Mを押さえると弦長はもとの半分なので周波数は倍となり、もとのレより一オクターブ高いレが鳴るのである。

　こうして、虹の七色とレミファソラシドの音階[*4]が、見事に重なり合う（図5・1〈下〉）。虹と音階がひとつに融合するという画期的な結果だ。

ドリア旋法

　なお、ニュートンの観察（実際には彼の意を受けた〝目の良い〟助手の観察）で、虹の七色に対応したのは、ドレミファソラシではなく、レから始まるレミファソラシドである。これ

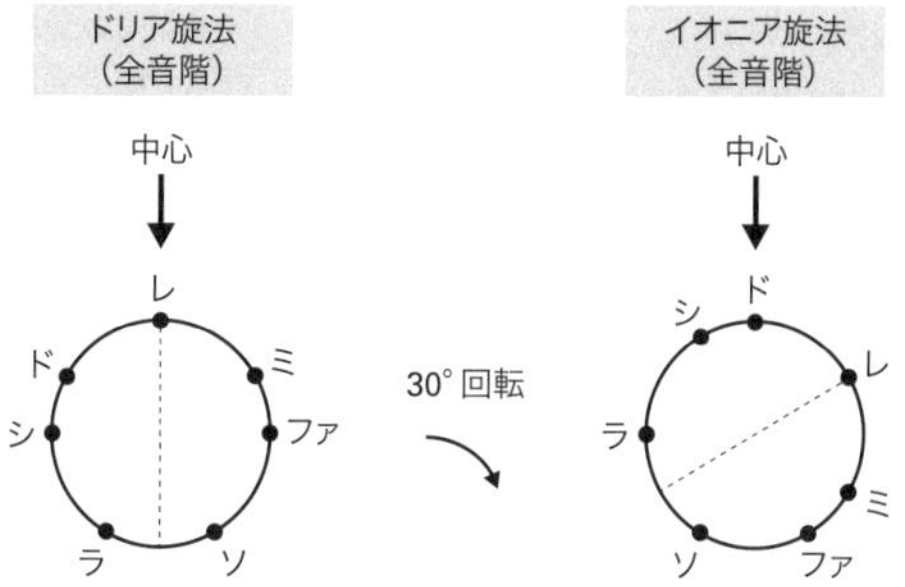

図5・2　ドリア旋法を時計回りに30度回転するとイオニア旋法となる。このように回転して中心音を変えることで、ひとつの音階（この場合は全音階）から様々な旋法が生まれる。全音階から生まれる旋法では、唯一ドリア旋法だけが中心から見て対称である（点線が対称軸）。

はドリア旋法という音の並びで、ニュートンの時代の教会音楽（グレゴリオ聖歌）では〝第一旋法〟と呼ばれていた。つまり、当時の音楽で最も基本的とされた音の並び方がレミファソラシドだったのだから、彼がこの音列を採用したのは自然なことと言える。ちなみに、我々の慣れ親しんでいるドレミファソラシ（イオニア旋法）は、当時の格付けでは、はるか格下の第十一番目の旋法である。

ただ、ドレミファソラシも、レミファソラシドも、起点の音が違うだけでオクターブの円の分割そのものはまったく同じである。つまり、これらは音階としては同じだが（どちらも全音階）、どの音を中心に据えるかが違うのである（図5・2）。このように、同じ音階を使いつつ、中心になる音を変えることで様々な旋法が生まれる。[*5] たとえるなら、切り分けたピザを中華料理店の回転テーブルの上でくるくる回して、さて、どの切れ端をご主人様の前に差し出すか（中心音にするか）といった違いで、様々な旋法が生まれるのである。

特筆すべきことに、こうした旋法のなか、唯一ドリア旋法だけが、中心から見た円の分割が対称だ。この対称性の美しさを、ニュートンはお気に召したのかもしれない。

音楽と物理学と心理学

物理現象である虹と、芸術の一分野である音楽の音階を、いとも簡単に結びつけるニュートンの発想を、突拍子もないこじつけと思うかもしれない。ただ、ヨーロッパの科学の伝統を考えれば、この連想はむしろ自然なものだった。

音楽理論は、ギリシャ・ローマ時代に起源を持つリベラルアーツ七科（自由七科《じゆうしちか》）のひとつで、ヨーロッパの哲学者や科学者なら当然身につけている教養だった。例えば、三平方の定理で有名な古代ギリシャのピタゴラスは、弦の長さが単純な整数比の音の組み合わせのときに協和的に耳に心地よく響くことを発見した。これを受けたアリストテレスは、絵の具で色を混ぜるときも、単純な整数比の割合で混ぜ合わせると美しい色になると言っている。時代をずっと下って、デカルトの処女作も音楽を数学的に解析した『音楽提要』であったし、ニュートンも『光学』に先立って『音楽について』という小論を発表している。音楽を自然科学の一部とみなし、その原理を物理学に求めることは、哲学者や科学者にとってごく自然なことだった。

しかし、光の屈折から虹が生まれる仕組みを調べるのは自然科学だが、虹の連続的なスペクトルがいくつの色に分かれて見えるかは、物理学の問題ではない。これは、虹を主観的にどう見るかという脳の問題であり、心理学の問題である。

ニュートンも、薄々このことに気付いていたのだろう。だからこそ彼は、虹の色の観察を助手に何度も繰り返させ、再現性を確認したうえで、計測値の平均を採用した。心理学実験の走りと言って良い。もちろん、現在の基準から見ると、たった一人の助手の主観を根拠にするニュートンの〝心理学実験〟の妥当性には疑問符が付く。しかし、それはやむを得ないことと思う。心の働きを科学的に調べるという心理学の概念や実験手法が洗練されるには、実験心理学の父ヴィルヘルム・ヴントの登場を十九世紀まで待たねばならないのだ。

虹が七色の根拠

虹が七色に見えるという主観的な意見は、他でもないニュートンという権威が主張したことで、それがまるで物理学的な真実であるかの如く一般の人に広まった。

もちろんニュートンは科学者なので、虹は七色であること、そしてその背景には虹と音階に関連があるということが単なる思いつきの空論でないことを示すため、根拠を示している。ひとつは、先にも紹介したように、プリズムの色とドリア旋法の分割比が等しいというものである。ただ、虹の見え方についての心理学実験は、たった一人の〝目利きの助手〟の観察によるもので、結果の信頼性は低いと言わざるを得ない。虹は七色であって欲しいというニュートンの願望が、助手へのプレッシャーとなり、結果を歪めてしまった懸念がある。今の心理学者が厳密な方法で調べ直せば、違う結果が出る可能性も高い。

もうひとつの根拠は、赤と紫は色が似ているということである。赤と紫は、スペクトルで互いにもっとも離れた両端にある。それにもかかわらず、赤から始まって、橙、黄、緑と少しずつ色が変化すると、その変化が積もりに積もって、最後にまた、出発点の赤に似た紫に戻るのである。あらためて考えると、これは不思議なことだ。

音階と同じだ！　とニュートンは思ったのだろう。音階は、オクターブで一周する円である。ドレミファソラシと音高が上がって周波数が倍になったところで、最初と同じドに戻る。赤と紫が似ているのも、これと同じ原理に違いない。光のスペクトルの両端で色が似ているのなら、線状のスペクトルをぐるりと曲げて、端と端をつないでしまえば良い。音ではなく、光のオクターブである。

ぴたりと重なる虹と音階

虹も円で、音階も円。しかも、分割比まで一致している。この二つの背後には、何らかの共通の原理があるに違いない、というのがニュートンの考えだ。

この仮説を表現した有名な図が図5・3（次ページ）である。虹の七色が、左側少し上の赤（Red）を起点に右回りに書き込まれている。そして、色と色の境界にあたるところには、ドリア旋法の音DEFGABC（レミファソラシド）が記してある。こうして、虹の七色と音階が、ぴたりと重なり合う。

この図は、見れば見るほど興味深い。

図5・3　ニュートンの仮説。左側のDを起点に右回りのドリア旋法（DEFGABC）と、Redから始まる虹の七色が、ひとつの円に重なっている（その他の文字や記号は、色の足し合わせの原理を説明するものだが、解説は省略する）。

出所：ニュートン『光学』

まず、対称性が美しい。音階も虹も、共通の起点Dに対して完璧に対称に分割されている。次に唸らされるのは、橙（Orange）と藍（Indigo）の幅が狭いことである。実は、虹を従来の五色から七色に増やすときに、ニュートンが新しく追加したのがこの二色だ。新参者の橙と藍には、音階の半音にあたる小さな切れ端があてがわれることで、もとの五色の隙間に割り込むように追加された事情が、うまく表現されている。

そして、一層感心することに、橙と藍を抜いてもとの五色の虹を復元すると、お馴染みの五音音階になるのである。ＦＯとＢＯの線分を消して、橙と黄、藍と青がそれぞれ融合するような大きな切り分けに戻してみよう。こうして出来上がるＣＤＥＧＡの五音階は、ちょうどドレミソラのヨナ抜き音階になっている。つまり、第四章で音階音が五つから七つに増えた過程と、ニュートンが虹の色を五色から七色に増やした過程が、そっくりなのだ。

ニュートンの失敗

虹と音階が円で重なるニュートンの図は、細部まで美しい。それに、音階が虹になるという筆者の実験結果を二百年も前に予告しているようで、嬉しくもあり、残念でもある。

ただ、この図式には、致命的な欠陥がある。もっとはっきり言えば、完全に間違っている。というのは、虹のスペクトルは、決して円にはならないのである。虹の色が円になるとの前提が崩れれば、それを円状の音階と重ねるニュートンの仮説は、根底から無意味だ。

口絵５の左の図に見覚えがあるだろうか。これは口絵３にも出てきた色相環で、色みが少しずつ連続的に変化するように、円状に色相を並べたものだ。これは一見、虹を丸めたのと同じものに見える。しかし、この二つは決して同じものではない。なぜなら、色相環で赤と紫の間にある赤紫は、虹には存在しない色だからだ。赤紫は赤と紫の光を足し合わせて初めて得られる色であって、単一の波長で赤紫に見える光は物理的に存在しない。虹のスペクトルの両端の赤と紫は、似ているといえば似ているが、なめらかに連続しているとは言い難く、その隙間を埋めるのが、虹にはない赤紫なのである。

赤と紫から赤紫を作るように、複数の色を足し合わせることを混色という。わかりやすい例では、白も混色された色だ。それに対して、虹の色はすべて単一の波長の単色光の色である。そして、赤紫色の単色光はない。だから、ニュートンが観測した虹のスペクトルは決して円ではなく、その一部が欠けたCのような形なのである（口絵5〈右〉）。

虹は六度

一方、音階は、光と違ってきちんと円を閉じる。すなわち、ドから徐々に音高を上げると、ピッチクラスの円を一周して、もとと同じドに戻る。音波の周波数が倍になると、オクターブ等価性によって〝同じ音〟になるからだ。

いや、ピッチクラスの円は閉じるどころか、十周もする。ヒトの可聴範囲とされる20〜2

０００ヘルツは約十オクターブにも相当する広い音域なのだ。一般的な88鍵のピアノも、最低音から最高音まで約七オクターブである。

　それと比べると、可視光の範囲はずっとずっと狭い。ヒトに見える光の周波数の下限は４３０テラヘルツで、上限は７５０テラヘルツである。４３０テラヘルツの倍は８６０テラヘルツだから、ヒトの眼が感じる光の周波数は、たった一オクターブにも満たないのである。

　ニュートンになったつもりで、この可視光の範囲を、音階に当てはめてみよう。下限の４３０テラヘルツの赤い光を「ド」とするなら、上限の７５０テラヘルツは「シ♭」に相当する周波数である。すなわち、可視光の範囲は、短七度の音程ということになる。ただ、可視光の両端では眼の感度が低く、暗くて黒っぽい色にしか見えない。赤や紫の色相がはっきり感じられる範囲に限れば、その範囲は短七度よりさらに狭く、長六度ほどになる。長六度とは、「ド」からその上の「ラ」までの幅に相当する音程である。つまり、虹の色には「シ」がないのである。

　確かに、スペクトルの両端の赤と紫が似たような色なのは、あと少しで円が閉じることを匂わせている。もし、何らかの突然変異で可視光の範囲の拡張したヒトが登場すれば、虹の円は閉じるのかもしれない。ただ、それは確かめようのないことだ。

ニュートン環

当のニュートンは、虹が円を閉じないことを、実は完全に理解していた。ニュートン環《かん》と呼ばれる干渉縞《かんしょうじま》の観察で得られた結論である。

平らな反射面の上に凸レンズを置くと、レンズの中心のみが一点で反射面に接し、その周囲には空気の隙間ができる。この状態でレンズを上から覗くと、光の干渉による同心円状の虹色の縞模様が見え、これがニュートン環である（図5・4）。なぜ虹色の縞模様ができるかというと、平らな反射面から反射される光と、レンズの下面から反射される光には、空気の隙間分の光路差があり、その光路差と光の波長との関係によって、光が強めあったり打ち消しあったりするからである。シャボン玉の表面に虹色が

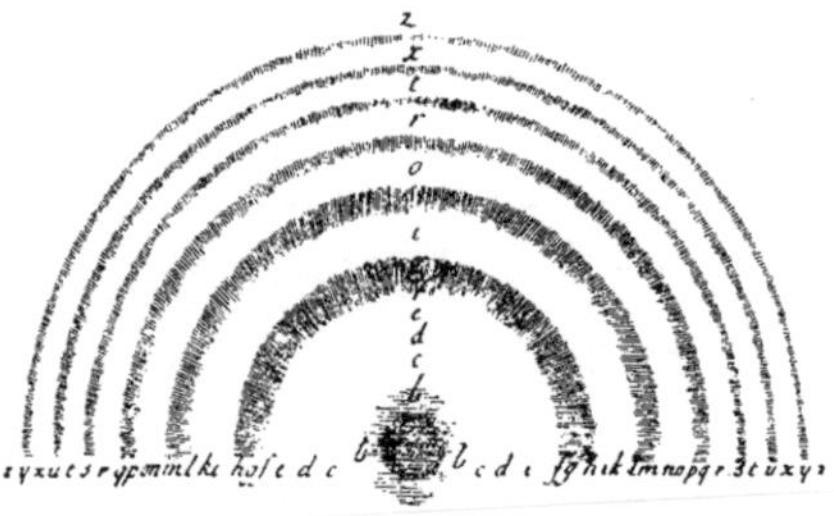

図5・4　『光学』に描かれたニュートン環。同心円状に虹の色が何度も繰り返して現れる。ニュートンは、この干渉縞の間隔を測定することで、赤と紫の光の波長（周波数）の比が9：14であることを突き止めた。

出所：ニュートン『光学』

見えるのと同じ原理だ。

ニュートン環を利用すると、反射面とレンズの間の隙間の大きさから、光の波長を知ることができる。ニュートンはこの原理によって、赤と紫の光の波長の比を求めた。[*6]

その比が、１：２に近くなることを期待していたのだと思う。そうすれば、虹は円を閉じる。しかし、それは決して１：２にならなかった。２：３より大きく、８：13より小さく、９：14程度の値になったという。紫は、赤の約１・６倍の周波数だという測定結果である。ドの周波数の１・６倍は、ラ♭（短六度）やラ（長六度）に相当する。そしてニュートンは、自らこう説明しているのである。[*7]

> 五つの主色（赤、黄、緑、青、菫）の境界によって順に環がつぎつぎに作られるところでのレンズ間の空気のそれぞれの厚さは、互いに、長六度の音を出す弦の六つの長さにきわめて近い比になる。

宇宙的ロマン

ニュートンは虹と音階が対応すると直感したが、虹のスペクトルの幅は長六度の音程にしかならない。この窮地を脱するため、彼はあっと驚く力技を繰り出した。

音は、周波数が2倍になると、一オクターブ上がる。しかし光の場合は、2倍ではなく、2の3乗根の2乗にあたる1・6倍こそがオクターブに相当するというのだ。[*8] もしそうなら、虹のスペクトルは、光のオクターブ全体を隈なく表していると解釈できる。

なぜ3乗根の2乗なのか、根拠は書かれてない。ただ、ニュートンの胸の内は推測できる。3乗根の2乗といえば、ケプラーの第三法則だ。

$$T^2/a^3 = \text{一定}$$

惑星の公転周期 T の2乗は楕円軌道の長軸の長さ a の3乗に比例するというこの式を a について解けば、a は T の3乗根の2乗に比例する。

ニュートンが万有引力の法則を発見できたのは、御膳立てにケプラーの業績があったからに他ならない。だから、ケプラーの法則に出てくる3乗根の2乗という演算は、ニュートンの骨身に深く染み付いていたはずだ。きっとニュートンは、光学や音楽に、天体運動の原理を垣間見たのだろう。宇宙スケールのロマンに、ちょっと感動する。

しかし、表面的に似ているからといって共通の仕組みがあるとは限らないのが、科学の冷徹な現実だ。それはニュートンも重々承知していた。だからこそ彼は、虹と音階が見かけの上で対応しているとは書いていても、原理的にそうなるとは、決して断定していない。

『光学』以後の虹

このように、ニュートンは、虹と音階との対応に確信を持てないでいた。それでも、大科学者の書いた『光学』の影響は、否応にも大きかった[*9]。ラテン語の前著『プリンキピア』と違って平易な英語で書かれていたこともあり、『光学』は一般の読者にもひろく読まれた話題の書だったのだ。そのため、虹が音階と同じ七色だというキャッチーでわかりやすい「仮説」は、本人の煮え切らない気持ちをよそに、大科学者の発見した科学的な「事実」として、ひろく社会に受け入れられてしまったのである。そしてその影響は、現在の日本にまで末長く尾を引いている。

しかし繰り返すが、実際には、七色など見えないのである。

空にかかる現実の虹を、虚心坦懐に観察してみて欲しい。五色は容易に見え、六色も見えることが多いが、七色を見分けるのは決して簡単ではない。具体的には、紫と藍の区別が難しい。見える人がいることを否定はしないが、少なくとも私には見えないし、ニュートンにも見えなかった。

それでも教科書や権威の言うことを無批判に信じるのが、日本人の特徴なのだろうか。七色が見えないのは、自分の目が悪いからだとか、観察条件が悪かったからだなどと言い訳をしては納得し、虹は七色という教えそのものを疑う発想にはつながらない。

ただ、事情の違った国もある。アメリカの小中学校の理科の教科書も虹は七色と教えていたが、シカゴ大学の附属学校の教師であるベルタ・パーカーが、いや、虹は六色だろう、と指摘する教科書を一九四一年に出版したのだ。[*10] 生徒が実際にプリズムの光を観察することで、虹は六色とするのが妥当なことを自ら考え納得できるように工夫された教科書である。

その効果が浸透したからかどうか、アメリカ人の描く虹は六色のことが多い。新型コロナウイルス感染症（COVID‐19）を予防しながら楽しめる虹狩り（rainbow hunt）という子供の遊びが、最近の（二〇二〇年）米国で流行っている。おかげで、このキーワードでインターネットを検索すると、子供たちの描いた虹の絵が大量に見つかるのだが、そのほとんどは藍を抜いた六色の虹であり、冒頭で紹介したピンク・フロイドのアルバムと同じ配色だ。

結局、七が好き

虹が七色なのは、ニュートンの単なる思いつきに過ぎず、科学的な根拠に乏しいことがわかった。とすると、何故ここまでひろく虹は七色と信じられているのか、逆に不思議である。ニュートンの権威が、それだけ偉大なのかもしれない。その一方で、ただ単にヒトは七が好きなのだ、という気の抜けるような説明が、案外、的を射ているような気もするのである。この予感は、次章でドレミファソラシの共感覚の仕組みを考えているうちに、確信に変わっていく。

＊1　レインボーフラッグはＬＧＢＴ（lesbian, gay, bisexual, transgender）の国際的シンボルである。男女で対決する歌合戦の構図への、挑戦的なメッセージとも受け取れる。

＊2　Isaac Newton. (1704). Opticks: or, A Treatise of the Reflexions, Refractions, Inflexions and Colours of Light. London.

＊3　ニュートンは菫（violet）と紫（purple）をはっきり区別しておらず、記述に一貫性がない。

＊4　図では、当時の階名法にしたがって（左から）ソラファソラミファソと記してあるが、これは現在の表記のレミファソラシドに相当する。

＊5　ここでいう中心とは、旋律が最終的に終止する音で、主音の概念に近い。

＊6　光は粒子だと信じていたニュートンは、波長や周波数という言葉は使っていない。しかし、彼の記載した現象自体は、光の波動としての性質そのものである。

＊7　ニュートン『光学』（島尾永康訳、岩波文庫、１９８３）を参考に一部省略した。なお、色が五つなのに弦長（すなわち音高）が六つなのは、色と色の境界に弦を割り当てているからである。

＊8　2の3乗根とは3乗すると2になる数のことで（約１・２６）、これを2乗すると約１・５９となる。

＊9　初版こそＩ・Ｎ・という匿名での出版だったが、第二版からは実名が記載された。

＊10　板倉聖宣（２００３）『虹は七色か六色か—真理と教育の問題を考える』（仮説社）に詳しい。

第六章

ドレミファソラシはなぜ虹色か？

謎は深まった

第四章では音階が七音になる理由、そして第五章では虹が七色である理由を探った。七という共通の数が生まれる原理を知ることで、なぜドレミファソラシが虹色になるのか、謎を解く手がかりになると思ったのだ。

しかし、それでわかったのは、音階も虹もそれぞれまったく別の理由で七つになったということである。七という結論が一致するのは、単なる偶然なのだろうか。いや、そもそも音階音の数は七とは限らず幅のあるものだし、虹の色もおそらく本当は六色だ。だから厳密には、数字が合ってさえいないとも言える。ヒントだと思ったつながりが、消えてしまったのである。

謎は深まった。それで、ああでもないこうでもないと、色々な説明を人から教えてもらったり、自分なりに仮説を立ててみたりしたが、どれもしっくりこない。

しかしあるとき、気がついた。ひとつひとつの色、そしてひとつひとつの音階音には、固有のキャラ（個性）がある。このキャラの一致を介して、虹の色とドレミファソラシが結びつくのではないか……おそらくさっぱり意味がわからないだろう。そこで、この怪しげな

音階音	ド	レ	ミ	ファ	ソ	ラ	シ
個人データ	赤	黄	緑	緑 暗い橙（茶）	青	紫 ほか	薄赤紫 ほか
平均色	赤	黄	緑	オリーブ	青	紫	薄赤紫

表6・1　第三章の実験で明らかになったドレミファソラシの共感覚色。上段は個人データの概要、下段は平均色。

（しかし本命の）仮説は後回しにして、なぜ音階が虹色になるのか、わかりやすい説明から順番に検討していく。

ドレミファソラシは実は虹色でない？

ただその前に思い出して欲しいのだが、ドレミファソラシが虹色になる実験結果について、腑に落ちない点がいくつかあるのだった（第三章「ファとラとシは例外？」の項）。ファとラとシの色が、どうも気になるのだ（表6・1）。

まず気になるのは、ファとラとシの三つの音は、共感覚色の個人差が大きいことである。もちろんどの音にも個人差はあるが、それでもドの赤、レの黄、ソの青（水色）については過半数の人が同じような色を選んでいて、ミの緑も、それに次いで個人差が少ない（口絵2）。しかし、ファは、緑と暗い橙（茶）に大きく分かれ、さらにその他の色も散見されるなど、過半数が一致して選ぶような色はない。ラとシは、更に個人差が大きい（ただ、ラとシには黄や緑が少なく、他の音ではあまり見られない紫が選ばれるなど、完全にランダムなわけではない。仮にランダムなら、平均色は灰色になる）。

第二に、こうした個人差を均《なら》すために平均を取ると、ドレミファソラシ全体の傾向として平均色はほぼ虹の順番通りに並ぶのだが、ファだけがこのパターンから外れて、くすんだ黄緑のような色（オリーブ色）になっている。これは、ファに茶（暗い橙）を選ぶ人が多いことで、ミの緑に対して、ファの平均色が赤方向に〝逆戻り〟してしまうのだ。そのため、口絵3の直線がファで下に凹んでいる。

第三に、シの共感覚色は赤紫のような色が選ばれることが多いが、赤紫という色はそもそも虹に存在しない。

こうした難点があるので、「ドレミファソラシは虹色の七色」と断定しては具合が悪い。本書の題名に「虹の七色？」と疑問符が付くのは、そのためである。単なる誤差なら良いのだが、理論と合わない小さなズレにこそ、科学の真実が隠れていることがある。どうも気にかかるのである。

だから、共感覚色のはっきりしているドレミソだけでなく、ファとラとシのような収まりの悪い結果まですべてうまく説明してくれる、そんな仮説があれば理想的である。

物理学的な説明と心理学的な説明

さて、なぜ音階が虹色（のよう）になるかという問題を考えるにあたって、物理学が好きな方なら、音も光も波動だという共通点が、どうしても気にかかるだろう。音と光は、どちらも屈折や反射や干渉といった現象を示すなど、波としての振る舞いが共通している。だから、聴覚と視覚という違いはあっても、その知覚の仕組みには何らかの統一の原理があるかもしれない。

これは、三百年前のニュートンの発想と基本的に同じものだ。そして、この仮説が破綻することは第五章で説明した。赤から紫までの可視光のスペクトルの幅は、音階に当てはめれば一オクターブに満たず、長六度の幅しかない。オクターブと長六度という尺の合わないものが一致するというのは無理がある。それでもニュートンは、ケプラー的な宇宙観をヒントに、虹の長六度は音階の完全八度（オクターブ）と相同なのだと主張した。しかし、さすがにこれは強引だろう。また、この波動仮説では、どうしてファが虹のスペクトルの並びから外れるのか、説明できない。なぜファとラとシに個人差が大きいのか、説明できない。

そもそもこれまでも強調してきたように、ドレミファソラシも、虹の色も、決して物理現象ではないのだ。どちらも、脳の中で起こる主観的な心理現象である。だから、もしこの二つが一致するというのなら、その説明は物理学ではなく、心理学あるいは脳科学の言葉でされなくてはならない。

そして、このレベルの説明には、実に様々な可能性が考えられるのである。

ドレミのうた

ミュージカル映画「サウンド・オブ・ミュージック」でライナー先生が歌う『ドレミのうた』（訳詞：ペギー葉山）は、まるでドレミファソラシの広告塔のような曲だ。歌いやすい旋律とわかりやすい歌詞で、階名をひとつひとつ丁寧に教えてくれる。小さい頃に覚えることで、ドレミの共感覚の形成に影響を及ぼしても不思議はない。

実際、ドレミファソラシに色を感じる人に、あなたの共感覚の色はどうしてその色になったのですかと聞くと、『ドレミのうた』が原因だという返事が返ってくることが多い。〃レはレモンのレ〟だから黄色で、〝ソは青い空〟だから青（水色や空色）だというのである。実験結果を見ても、この二つの音は確かにその通りの色になっている。

しかし、ではどうしてドは赤なのかと聞くと、それはわからないと言う。ひいき目に見れば、ドーナツの茶色は赤っぽいとも取れなくもないが、ラのラッパは黄色や金色なのに、その共感覚色は紫である。それに、ミの〝みんな〟、ファの〝ファイト〟、シの〝幸せ〟といった概念には、そもそも色などない。〝ファイト〟という言葉には、オレンジとか赤っぽいイメージがあるという説明を何度か耳にしたが（その感じは筆者も何となくわかる）、これはまた別の種類の共感覚である。

このように、『ドレミのうた』だけでは、ドレミファソラシの共感覚の全体像を説明しきれそうにない。ただ、レの黄色とソの青については、この歌詞の影響を完全には否定できないことも確かである。

音楽の教材

就園前や就学前の小さな子にピアノを教えるのに、色を利用することがある。まだ楽譜は読めなくても、ドは赤で、レは黄などと音符に色を割り当てれば、〝この音は赤だから、赤の場所を押さえよう！〟などとして、遊び感覚で楽しくピアノを習うことができる。

　こういった取り組みは、ひとりひとりの先生の独自の工夫としてなされることもあれば、メソッドとして体系化されることもある。例えば、たなかすみこの「いろおんぷ法」では、ピアノの鍵盤のＣＤＥＦＧＡＢ（教材では〝どれみふぁそらし〟）に、赤・黄・緑・橙・空色・紫・白の色を割り当てる。さらに鍵盤と同じ色の色紙やモールを指に巻きつけて、どの指でどこを押さえたら良いのかが、視覚的にすぐにわかるようにする（口絵6）。

　興味深いことに、いろおんぷ法の色は、筆者の実験結果とほぼ完璧に同じである。まずドレミソラの五音についてはそっくりで、しかも、いろおんぷ法でファが橙なのは虹としては順番がおかしいのに、筆者の研究結果とはよく一致している。さらに、いろおんぷのシが白なのも共感覚の実験結果と似ている。シの共感覚色の平均色は赤紫だったが、その彩度は低く（すなわち色みが薄く）、白に近かったからだ。

　いろおんぷ法のようにシステム化されていなくても、鍵盤のドに赤いシールを貼るといった簡単な工夫は、幼稚園や小学校低学年の教育現場でよく見かける。こうした教材や教え方が共感覚の原因になることは、十分あり得ることだ。これからドレミという概念を学ぼうというまさにその時期に、色の結びつきを繰り返し学習するのだから、その影響が後々まで残っても不思議はない。たまにピアノの黒鍵はすべて黒だという人がいるが（口絵2では下から六番目の共感覚者）、これも同様の学習により説明できる。

しかし、この仮説にはいくつかの問題がある。まず、小さい頃に色のシールを使ったり音符に色を塗ったりしたことがあるかを聞くと、共感覚のある被験者の大半が、そんなことはないと明確に否定するのである。そして筆者の被験者には、いろおんぷ法で習った人は一人もいなかった。小さい頃のことなので忘れてしまった可能性はある。しかし、筆者の長女は、ピアノ教室や自宅で決して色を使っていないのに、ドレミファソラシに色がある。

もっと本質的な問題として、教材を作った音楽の先生が、そもそもなぜその色を選んだのかが説明できない。先生のそのまた先生から習ったというなら、ではその先生の先生は、何故その色にしたのか。「卵が先か、鶏が先か」のような議論で、問題は永遠に遡ってしまう。いろおんぷの色が何故こうした色になったのか、その理由こそが知りたいのだ。

おもちゃの楽器

幼児用のおもちゃの木琴や鉄琴の多くは、音板（音の鳴る部分）がカラフルに塗り分けられている。

ざっと見たところ、その配色パターンは大きく三つある。一つは、虹の七色そのままか、もしくはこれを少しだけ変化させたものだ。すなわち、光のスペクトルの順番通りに色が並んでいる。二つ目のパターンは、いろおんぷ法と同じように、ドレミファソラシが「赤・黄・緑・橙・青・紫・白」となっているものである。ファとシのみが、虹色のパターンから外れている。バリエーションとして、ミの緑が黄緑だったりする場合もあるが、いずれにせよファとシの色が、虹とは合わないのである。最後は、先の二つのどちらにも当てはまらないパターンで、例えば、青・緑・黄・橙・赤・紫・白という配色の商品を見たことがある。

小さい頃にこうした玩具に触れることで、ドレミファソラシと色が結びつくのかもしれない。いろおんぷのような音楽教材と違って、これらの玩具は巷にあふれている。どこかで見たことがあるといった程度なら、誰もが経験しているだろう。とすると、この影響が絶対に無かったと言い切るのは難しい。

しかし例によって、「卵が先か、鶏が先か」が問題になる。こうした学習説では、世界で最初にこの配色が考案された理由が、決して説明できないのだ。仮にその色遣いの発案者に共感覚があったとすると、ではなぜその人の共感覚が生じたかこそが問題だ。虹とそっくりの配色パターンなら虹を参考にしたと推測できる。しかし、ファやシの例外が示すように、共感覚での色の感じ方は虹そのままではないのである。

だから、おもちゃ説も腑に落ちない。

言葉の影響

ファがどうしてオレンジ色なのかを聞いたところ、〝ファンタのファだから〟という答えが返ってきたことがある。ファ↓ファンタ↓オレンジ色、というふうにつながるというのだ。ファンタには世界で百種類ものフレーバーがあるそうだが、この共感覚者にとってはオレンジ味の一択なのだろう。

筆者は断然グレープ派なので、ファンタと聞けば紫色が頭に浮かぶ。いや、ファンタは紫色という思い込みがあるから、グレープ派なのかもしれない。もはや、ファンタという言葉と、紫色と、あの人工的なグレープ味が混然一体となり、ひとつのクオリアを形成している。

ファンタの色はともかく、おそらく誰にとってもトマトと言えば赤、レモンと言えば黄、海と言えば青である。ドレミファソラシの共感覚も、こうした言葉の連想で説明できるかもしれない。実際に、何人もの共感覚が、レはレモンだから黄色、ソは空だから青だと答えてくれた。あるいはもっと単純に、ただの語呂合わせだという共感覚者もいた。「ミ」から始まる色といえば「みどり」だし、「シ」から始まる色といえば「しろ」といった具合だ。「ソ」は「そらいろ」なので、これも辻褄が合う。黄色をレモン色と言い換えれば、レはレモン色でぴったりだ。

ただ、ドの赤や、ラの紫はどうだろう。いろおんぷ法では、ドの色を「れっ〝ど〟」、ラの色を「む〝ら〟さき」としているが、説明としては苦しい（口絵6）。それに、もしこの仮説が正しいというなら、ドレミファソラシの共感覚は、音楽とは関係がなく、ただの言葉の連想ゲームということになるが、本当にそうだろうか？

虹色だと聞いたから

あなたの共感覚の色はなぜそうなったのですかと聞いたら、〝虹なので！〟と返されたことがある。小学生の頃、ＮＨＫの番組でニュートンがドレミファソラシに虹の七色を当てはめたのを知り、その頃から自分でも色を感じるようになったと言う。

ただ、彼女のドレミファソラシに対応する色は、赤・オレンジ・黄・黄緑・水色・青・ピンクなので、ニュートンのオリジナルとは違う。そもそも、ドレミファソラシに共感覚のある人のほとんどが、ニュートンの虹の研究を知らないのである。ＴＶや本で得られる知識から共感覚が付くケースは、あったとしても例外と考えて良い。

抽象概念に色が付くという説明

ここまで、いくつかの仮説を見てきたが、どれも、ドレミという言葉そのものが直接、あるいは鍵盤のような具体的な事物を介して間接的に、色の感覚と結びつく。

一方、もっと抽象的な概念を媒介にした仕組みも考えられるのである。例えば、ある共感覚者にとって、友人のあきら君は赤だとしよう。このとき、名前が〝あ〟で始まるから赤だとか、あきら君はいつも赤い服を着ているから赤だというのが、これまで見て来たような具体的な言葉や事物を介した結びつきだ。

そうではなく、彼は明るくて元気なリーダーだから、そのキャラ（個性）に赤を感じるというのが抽象的な概念による説明である。つまり、刺激そのものではなく、刺激から受ける主観的な印象や、刺激の持つ抽象的な属性が色と結びつくと考えるのである。

色は個人としてのあきら君と結びついているわけではないので、明るくて元気なリーダーであれば誰でも赤く感じる。このようにルールが一般化できるのが、これまでの説明との大きな違いである。説明がまどろっこしくてわかりにくいと思うので、例を見てみよう。

「一番目は赤」の法則

アルファベットのaの共感覚色は、赤であることが多い。他にも、日本語の「あ」や「ア」、数字の「1」、そしてドレミファソラシの「ド」も赤になりがちだ。これらは、どれも系列の一番目の要素という共通点がある。〝一番目〟というのは、その刺激の形や読み方などの物理的な特徴とは関係のない、抽象的な属性だ。このとき、〝一番目〟という特徴こそが、色の感覚を引き起こす誘因刺激だと考えるのである。

　これは、「一番目は赤」の法則として一般化できる。何かに色を付けるとなると、一番に選ばれる色は赤であることが多い。色鉛筆といえば赤鉛筆のことを指すし、赤字や赤点などの数字も赤である。運動会や歌合戦で対戦するチームの色分けは紅白と決まっている。

「一番目は赤」の法則は、ドが赤いことだけでなく、色字共感覚などの他の共感覚もあわせていっきに説明できるのが強みである。ただ、大きな問題として、二番目以降がうまく説明できない。アルファベットのbの共感覚色は青のことが多いが、日本語の「い」や「イ」はとくにそういうことはなく、ドレミファソラシの二番目のレは黄である。

　多少なりとも一般化ができたことで、深い原理に一歩近づいたような気もするが、このままではダメだ。

「代表格は赤」の法則

　そこで、「一番目は赤」ではなく、「代表格は赤」と言い換えてみよう。「a」も「あ」も

「１」も「ド」も、どれも一番目の要素であるとともに、それぞれの概念の代表格と言える存在である。ただし、一番目と代表格は、似て非なる概念である。例えば、野球で打線の顔となる選手は、一番打者とは限らずむしろ四番に多い。

「代表格は赤」の法則は、「一番目は赤」の法則に負けず劣らず幅広い現象に当てはまる。ゴレンジャーやキュウレンジャーといったＴＶのスーパー戦隊シリーズでは、中央のリーダーが赤い衣装を着ると相場が決まっている。アイドルグループも、ももいろクローバーＺの百田夏菜子や（元）ＮＥＷＳの山下智久のように、リーダーのメンバーカラーが赤だ。ビストロスマップというＴＶ番組のコーナーでは木村拓哉が赤いスカーフを巻いていた。確かにＳＭＡＰのリーダーは中居正広だが、代表格ということであればこの二人のどちらが赤でも違和感はない。

　つまり、ある集団を思い浮かべるときに、その代表として真っ先に頭に浮かぶ要素やメンバーが代表格である。そして、その代表格という〝キャラ〟に、赤い色が付くと考えるのである。

キャラ分けは色分け

代表格がいるということは、代表格ではないメンバーもいる。一人しかいなければ、代表という概念が生まれないからだ。小説にしても映画にしても、主役がいれば脇役もいて、主役には主役の、脇役には脇役のキャラがある。そこで、主役は代表格として「赤」になるとして、では、脇役は何色だろう？

一言で脇役といっても、準主役から本当の端役まで様々だ。何人もの脇役がそれぞれ違ったキャラを演じるからこそ、ストーリーに深みが出る。歌舞伎ではこういったキャラ分けが定形化し、二枚目俳優や三枚目俳優といった言葉が生まれた。一枚目はもちろん主役で、二枚目は色事を担当する優男《やさおとこ》の美男子、三枚目が道化役でお笑い担当である。

小説や歌舞伎の登場人物に限らず、クラスの仲良しグループや、会社の同僚や、趣味の会合でも、何人かが集まれば、その集団内で自然にキャラの分担が起こる。こうして、「色々」な行動特徴や考えを持った、「色々」なキャラの人が集まっているのが、ごく普通の人間社会である。

「色々」という言葉を、あえて使った。こうして見ると、色々とはキャラの種類がたくさん

図6・1　仮面ライダーの敵役ショッカー戦闘員は、無個性で衣装の色分けがない。（写真：仮面ライダー図鑑 HP　©石森プロ・東映）

あるという意味であることに気付く。キャラ分けとは、色分けのことなのだ。そう考えると、「音色」とはなかなか味わい深い言葉である。ピアノやバイオリンなどの音色の違いは、音の色分けであり、キャラ分けなのだ。そう意識した途端、同じ音楽がより立体的に聞こえてくるから不思議である。

　反対に、個性に色分けがなく判で押したように均一な人の集団は、無機質で人間味がない。例えば仮面ライダーのショッカー戦闘員（図6・1）や、スター・ウォーズのストームトルーパーは、全員が同じ黒と白の衣装を着ている。ひとりひとりのキャラの区別が無ければ、衣装も色分けされないのである。

　そして、色分けという言葉の意味をこのようにとらえると、ドレミファソラシに色を感じる共感覚に、これまでと違った含みが見えてくる。

ドレミファソラシにキャラがある

ドレミファソラシの七音は、決して、均一的な無個性なショッカー戦闘員のような七音ではない。七音のひとつひとつには、それぞれ、西洋の調性音楽の規則に沿ったキャラがある。これは音楽理論などわからなくとも、誰にでもすぐに感覚的に理解できることである。

こう考えてみよう。キャラの色分けがないということは、キャラの区別がなく互いの入れ替えが可能ということだ。ショッカー戦闘員Aとショッカー戦闘員Bのセリフが入れ替わろうと誰も気付きもしない（どっちみち、イー！　としか言わないが、そういうことではなく、きちんと言語的セリフがあったとしての話である）。ところが、主役の仮面ライダーとショッカー戦闘員Aのセリフを交換しては、話が滅茶苦茶になってしまう。ストーリーにおける役割《キャラ》が違うからだ。このように、交換可能かどうかというテストは、キャラの区別があるかどうかのリトマス試験紙に使える。

この方法で、ドレミファソラシを調べてみよう。例えば、ある曲のドとシを入れ替えるとどうなるか。まったく違う曲になるどころか、そもそも曲の体《てい》をなさなくなるのは、誰の耳にも明らかだろう。ドとシの音楽的な役割《キャラ》が違う証明である。他の音についても、多かれ少なかれ同じことが言える。ドレミファソラシは、決してショッカーのように無個性ではない。

では、この七音のキャラとは、具体的にはいったいどのようなものだろう。

歌舞伎では登場人物に一枚目、二枚目のような「序列」を付けてキャラ分けする。これを真似して、ドレミファソラシの七音のキャラに、主役から端役まで序列を付けて整理してみよう。もちろん、音に色事担当やお笑い担当があるわけではない。あくまでも音楽的な意味での、キャラの序列である。

序列一番手のド

ドレミファソラシの主役、すなわち序列の一番手は、もちろんドである。

ドは系列の一番目で、音階音の例として真っ先に挙げられる。これだけでも代表格に相応しいが、そのうえ、一番に習うという特別なアドバンテージがある。ピアノ教室に通う小さい子が最初に習う音は、ほぼ例外なくドだろう。ドレミファソラシといった概念がそもそも存在しない白紙の状態で、ただひとつドだけを習うのだ。ドレミファソラシの七音のなかで、別格の存在感を持つようになって不思議はない[*1]。

しかも、音階音のドには、単に一番目の要素だとか最初に習うとかいったことを超える、特別な役割がある。それが、「主音」という名の音楽的役割《キャラ》だ。「A」や「あ」は、いくら最初に習う一番目の要素だからといって、言語で特別な機能を持つわけではない。例えば、文章や単語がこれらの文字で始まったり終わったりするといった規則はない。

それと比べて、ドの存在感は特別だ。まず、ひとつの曲で七つの音階音は決して均等な頻度で使われる訳ではなく、主音のドの出現頻度が最も高い。また、必ずではないが、曲は主音もしくは主音を含む和音で始まり、主音で終わるのが典型的なパターンである。同じ音に戻るからこそ、一区切りがついたり、曲が終わったりする感じがする。主音のドとは、旅の出発点であり終着点でもある自宅のように、曲やフレーズの中心を定める音である。このように、主音のドのキャラは、ドレミファソラシの代表格に相応しい。

なお、ここでいうドは階名のドなので、その音高は移調で自在に変わる。[*2] 例えば、映画「サウンド・オブ・ミュージック」での『ドレミのうた』は変ロ長調なので、ドと歌われる実際の音はド（C）ではなくシ♭（B♭）である。つまり、シ♭という音高（役者）が、主役としてドの主音キャラを演じている。移調すれば、別の音高（役者）が主役になる。このように階名は、具体的な音高ではなく、抽象的な役割《キャラ》に付けられた名前なのである。

序列二番手のソ

『赤ずきん』なら狼で、流行の漫画『鬼滅の刃』なら鬼《き》舞《ぶ》辻《つじ》無《む》惨《さん》。物語には、主役と対立する「敵」、あるいは何らかのトラブルを引き起こすキャラがいる。事件がなければヒーローは生まれないし、解決すべき問題があってこそ主人公に存在意義がある。平和な日常を乱す問題が生じ、それを解決することで日常に戻るというのが物語の基本構造である。

その原理は音楽も同じで、平常状態から緊張を作り、また平常に戻ることで聞き手の感情をゆり動かす。ここで、平常キャラの役割を果たすのが主音のドで、緊張キャラが属音のソである。主音との対立軸を立てることで、音楽の基本構造を確立するのが属音ソの役割だ。

楽典の教科書を見ると、属音とは、主音を主音たらしめる力を持つ音で、属音のはたらきによってはじめて主音はその性格を規定される、などと書いてある。[*3] 主音ひとつでは無重力空間を浮遊するようで方向性がない。しかし、属音が導入されることで音楽的な重力の場が生まれ、上が緊張（ソ）で下が安定（ド）という、動きの基本軸が定義されるのである。緊張のソから平常のドに解決する動きを、カデンツという。[*4] このカデンツこそが、音楽の和声的な骨組みであり、基本構造だ。

こう考えると、ドレミファソラシの七音のキャストのなかで、属音のソがいかに独特で重要な役割を果たしているかがわかるだろう。オーケストラのティンパニやロックバンドのベースの楽譜を見ると、音符がドとソばかりのことがある。[*5] 必要最小限の音数で、音楽の基本構造を支えているのである。

だから、ソが序列二番手である。

序列三、四番手のレとミ

ただ、登場人物が主人公と敵だけしかいないようでは、自宅でくつろぐか鬼舞辻無惨と決戦するか、生きるか死ぬか、満点か零点かの二択しかないようなもので、中間のニュアンスが表現できない。このギャップを埋めてくれるのが、ドとソ以外の音たちだ。主人公を仲間として支えたり、敵のバリエーションを増やしたりして、敵と味方の対立軸を補強し彩るキャラである。

具体的に、ドとソだけでは何が音楽的に不足かと言えば、まずは旋律が作れないのが致命的だ。適当な歌を口ずさんでみるとわかるが、旋律の大部分は二度や三度の小さな音程のゆらぎから出来ている。ここに、主音に近いレとミの存在意義がある。『鬼滅の刃』で例えるなら、嘴平《はしびら》伊《い》之助《のすけ》や我妻《あがつま》善逸《ぜんいつ》のように主人公に立場の近い者たちが相当する。

ミは、曲が長調か短調かを決定づけるキャラでもある。短調ではミが半音下がってミ♭になるが、たったこれだけの違いで、曲全体の雰囲気ががらりと変わるのだ。このようにミは曲のムードを決定する一方、レはドにもっとも近い音で旋律を作るのに欠かせない。レとミのどちらの序列が高いかは判断が難しく、ソに次ぐ三、四番手としてまとめておく。

序列五番手はファ

音楽における音高の役割は、旋律を作ることと和声を作ることとの、おおきく二つに分けられる。旋律についてはドレミの三キャラが出そろったとして、和声はどうかというと、一番手の主音ド、二番手の属音ソに続いて重要なキャラは、下属音のファである。

和声に表現される高揚や緊張の度合いは、主音→下属音→属音の順に強くなる。つまり、下属音のファは、ソの緊張キャラを少し弱めたもので、主音と属音の中間の緊張状態を表す。ゲームでは最初からいきなり敵の大ボスとは対峙せず、まずは悪の手下どもを少しずつ倒していくことで感動のクライマックスが用意される。この、手下どもにあたるキャラが下属音のファである。また『鬼滅の刃』で例えるなら、鬼舞辻無惨の手下である十二《じゅうに》鬼月《きづき》と呼ばれる鬼たちが「ファ」のキャラである。

　両極端ではない中間の過程にこそ、語るべきコンテンツが詰まっているものだ。自宅をド、銀座の高級店でのお買い物をソとすると、ファはついでに立ち寄る本屋やカフェやウィンドウショッピングといったところ。だから、ドとソしかない買い物とは、家から店までタクシーで直行しカウンターで商品の型番を告げて即カードを切るようなもので、目的は達するが、楽しみに欠けるのである。このように、中間の過程の豊かさを代表するキャラが、下属音のファと言える。

　旋律を作る観点からも、ファには独特の役割がある。というのは、ドレミの三音と属音のソの隙間を埋めることで、ドからソまでの旋律を滑らかにつないでくれるのだ。しかもこのとき、ミとファの間に短二度（半音）が挟まることで旋律にニュアンスを足してくれる。

　このような役割を持つファを、レとミの後ろの序列に配してみた。レやミよりも、ファの序列が上なのではないかと思う方もいるかもしれない。確かに和声学的にはそうだが、レやミがないと旋律が作りにくいのが音楽的に致命的だ。また、音楽そのものの話ではないが、ピアノ教室で小さい子供が音階音を習う順番を考えると、先に習うレやミの方が、学習順の効果によって心理的な序列が高くなる。それでファを、レとミに次ぐ五番手とした。

序列六、七番手はラとシ

これまで紹介した五音のキャラを支える、名脇役がラとシである。

この二音のおかげで、ドレミファソの五音と一オクターブ上のドが、旋律で滑らかにつながるようになる。ドレミファソとひとつずつ音高が上がると、緊張の度合いが徐々に高まり、ソで属音に到達する。さらに二つ上がってシまでくると、あと少し、もう半音だけ登りきりたいという感覚が生まれ、そしてようやく主音のドに到達して、アットホームな安心感に解決する。一周回って、最初と〝同じ音〟に帰ってきた感じがするのである。このように、ラとシが加わることで、和声学的な意味での緊張と緩和の機能を内在した、滑らかな旋律サイクルとしてのドレミファソラシが完成する。

ラとシは、属音ソを基準とした旋律を作るのに欠かせない音でもある。一オクターブの音階を「ドレミファ」と「ソラシド」の二つに分解すると、「ソラシド」は「ドレミファ」を完全五度上にずらしたものになっている。[*6] つまり、「ドレミファ」からなる旋律を完全五度上にスライドすると「ソラシド」からなる旋律に移調され、旋律の緊張感が増すのだ。このとき属音ソに対するラとシの役割は、主音ドに対するレとミの旋律的役割そのものである。

こうした旋律的な機能に加え、シには和声的なキャラも重なっている。というのも、この音が満を持して登場すると、ドに解決して落ち着きたいという欲求を引き起こす。つまり、緊張状態から主音へ戻るのを期待させることで、属音ソの機能を強調する。シに特有のこの機能には、主音を導く音という意味で「導音」という名前が付いている。

ただ、このようなラとシの活躍も、ドレミファソの五音があってこそ。例えば、何の音楽的な文脈もないところに♪ラシラシと鳴らしても、ラが主音の♪ドレドレに聞こえてしまうのが関の山だ。そう考えると、ラとシはあくまでも脇役で、序列は低いことが理解できる。

音階音のキャラと調性音楽

これまで説明したドレミファソラシの序列を（図6・2、次ページ）に整理した。こうした序列化やキャラ付けには、独断的との異論もあるだろう。そうした指摘には、筆者は音楽

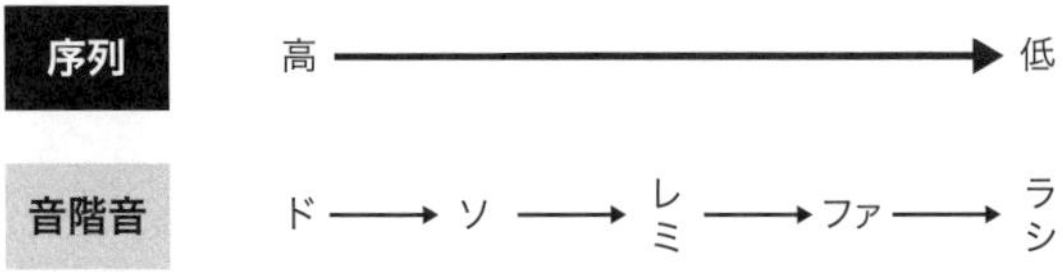

図6・2　音階音のキャラの序列。

の専門家ではないし、そもそも音楽を言葉で表現すること自体に無理があると、身も蓋もない開き直りをすると決めている。

しかし、この限界を承知のうえで、それでも確信を持って伝えたかったのは、ドレミファソラシの七音は決して金太郎飴を割ったように均一で無個性な七音ではないということだ。さらに踏み込んで言うと、主音や属音のように機能的に重要な音とそうでもない音の、序列の違いがあるということだ。

音階音に〝序列がある〟と言う表現を、筆者は他で聞いたことがない。しかしこれは単に、調性音楽に普遍的な特徴を独自の言葉で言い換えているだけであって、考え方そのものは奇抜でない。このことを理解するには、音階音に序列のない音楽を想像すると良い。

序列のない無個性な音ばかりで音楽を作ることも、理論的には可能だ。その実践が無調音楽である。無調音楽とは主音のない音楽のことだが、主音がなければ、当然、属音やその他のキャラも生まれない。主音やその他のキャラがはっきりしていることが調性音楽の定義であり、その否定が無調音楽である。

無調の曲を作るには、半音階の十二個の音に個性による色付けがつかないよう注意深く音を配置して、旋律や和音を構築する。これは、単にランダムに音を並べるのとも違う。偶然にでも同じ音が繰り返されたり、ドミソのような三和音があったりカデンツがあったりすると、主音らしさや属音らしさが生まれてしまうので、そうした芽を念入りに摘んでいくのである。これを定式化した方法論が、トータル・セリアリズムという作曲技法である。

逆に言えば、音階音に主音を中心としたキャラ付けがあることこそが、我々の聴き慣れている調性音楽の成立する条件ということだ。調性音楽を味わうことは、音階音のキャラの色付けの違いを味わうことと同義なのである。

色にも序列がある？

さてここで、音階音だけでなく、赤や青や緑といった色にも序列があると聞いたら驚くだろうか？

実はこれも、皆さんが既によく知っていることを、序列という言葉で表現し直しているだけのことだ。例えば、色鉛筆やクレヨンのセットには、色数の少ないものから多いものまであるが、どんなに色数の少ないセットにも必ず入っている赤や青のような色は序列が高い(口絵7)。また黄緑は、そのハイブリッドな名前からわかるように、黄と緑という二つの色が先にあって初めて存在し得るし、山吹色や常盤色《ときわいろ》といった色は、既存の色の隙間を埋めるように概念化された。こうした後発の色は、序列が低い。

では、虹の七色である赤・橙・黄・緑・青・藍・紫の序列はどうだろう。このうち、藍と橙は、序列が低めと考えて良い。なぜなら、この二色の名前は物からの借用で、赤や青のような色専用の単語でないからである。もうひとつの理由は、藍と橙は、虹にあとから加わった色だからである(第五章)。

このように、色には序列の高いものと低いものがある。

色名が進化する

こうした色の序列を、文化人類学の手法で総合的に調べたのが、バーリンとケイによる「基本色名の進化」の研究だ[*7]。基本色名とは、色を表す単語のうち、最も基本的で重要なものを指す。例えば、赤や青は基本色名だが、芥子色や焦げ茶色はそうではない。つまり基本色名とは、序列の高い色に付いた名前である。

しかし「基本色名が進化する」とは、どういうことか。

視覚入力としての様々な光をいくつの基本色名で表すかは、言語によって違っても不思議はない。ただ、どの言語においても、基本色名の数は徐々に増えていくという一般的な傾向がある。生存のためや文化の成熟などにより、色の認知が細分化されることで、基本語彙としての色名が増えていくのだ。これが、基本色名の進化である。

例えば、「青々とした緑」という表現は、この進化の証拠だ。緑なのに青いのだから、矛盾とも取れるおかしな表現だが、これは青という色名が、昔の日本語では緑までを含む広い概念だった名残である。緑色の信号を「青信号」と呼ぶのも同じことだ。今の日本語は、青という基本色名が青と緑の二つに分かれる、その最中なのだろう。

驚くことに、このようにして基本色名が増える過程には、世界中のどの言語にも共通する法則がある、というのがバーリンとケイによる研究成果だ。彼らは、３２９色の色見本を平面上にグラデーションを作るように順序よく並べ、そこにいくつの基本色があるかを百近い言語で調査した。すると基本色の数は、言語によって二色から十一色までひろい幅があったが、どの色が優先的に基本色として言語化されるのか、人類に普遍的な序列があるというのだ。

例えば、ある言語に青という基本色名があるなら、赤も必ず基本色名である。しかし逆に、赤が基本色名だからといって、青も基本色名とは限らない。つまり、赤という基本色名が存在して初めて、青という基本色名が存在し得るという序列がある。

バーリンとケイは、こうした規則を言語進化の七つのステージ[*8]という概念で整理した（図6・3)。ここでは、基本色名が最も少ない二色の段階をステージ1、最も多い八から十一色の段階をステージ7として、この進化の過程で色が段階的に加わっていく様子が図式化されている。

ステージ1における基本色名は二つで、それは「黒」と「白」だ。この二色しか色単語のない言語は、ニューギニア高地の民族に例があるそうだ。ただし、ここでいう黒は我々にとっての黒とは異なり、明度の低い色を広く含む概念である。同様に、白も明度の高い色を全般に指す言葉である。だから、レモンのような鮮やかな黄は「白」で、濃く染まったデニムの紺は「黒」ということになる。このように、基本色名の指す色は進化を通して変化する。そして一般論として、ひとつの基本色名がカバーする色の範囲は、基本色名の数が少なけれ

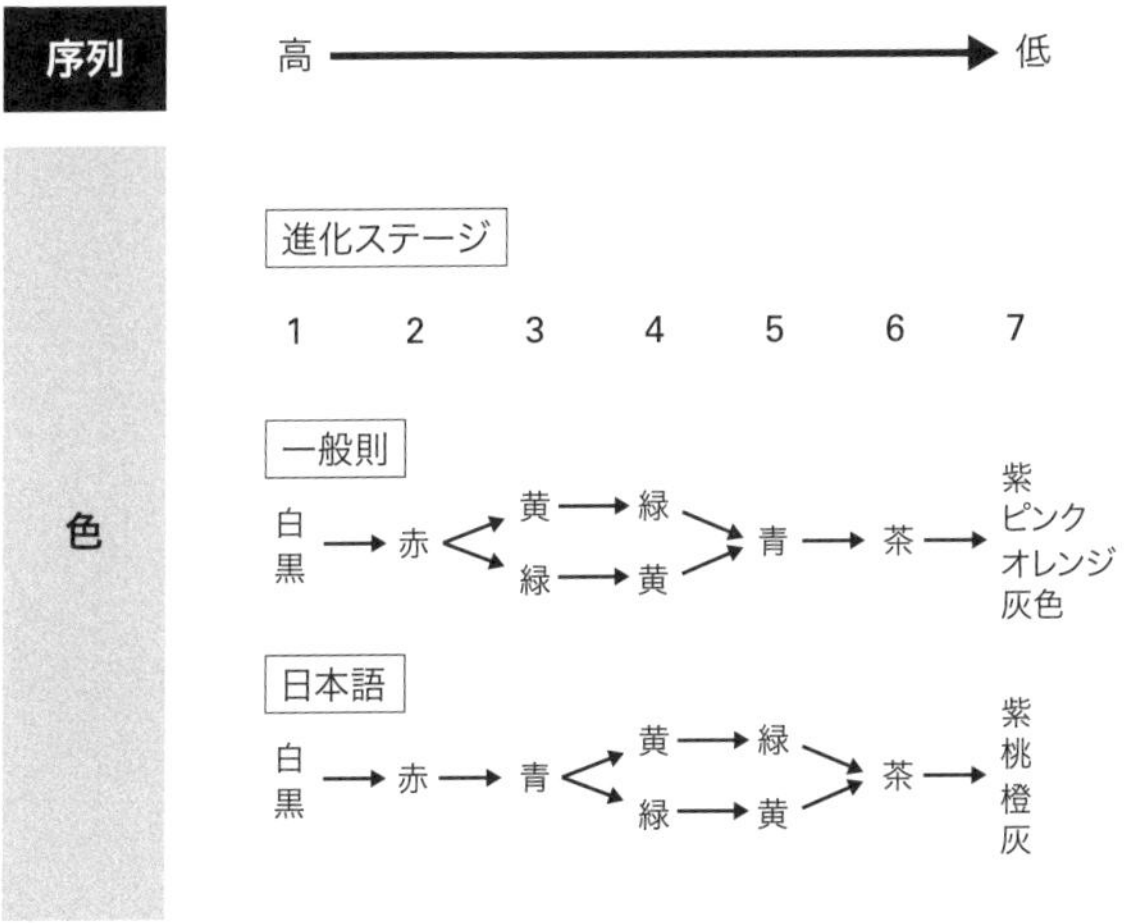

図6・3　基本色名の進化では、進化ステージが上がるに伴い高序列の色名から順に語彙に加わる。その順番には、言語の違いによらない一般的なルールがある。ただし日本語では他の言語とは少し違って、黄や緑より先に青が基本色名になったと推測される。

ば広く、多ければ細分化されて狭い。

ステージ2では基本色名に「赤」が加わる。つまり、言語のレパートリーに最初に登場する有彩色が赤である。次に、ステージ3で「緑」か「黄」のいずれかが加わり、ステージ4では「緑」か「黄」のうちステージ3で出現しなかった方が加わる。すなわち、赤の次には緑と黄が加わるが、その順番は前後し得るということだ。こうして赤と緑と黄が出そろうと、ステージ5で「青」が加わり、次にステージ6で「茶」が現れ、最後のステージ7では、「紫」「ピンク」「オレンジ」「灰色」の四つの色が順不同で登場する。

日本語の「青」

バーリンとケイによれば日本語の基本色名は十一色で、これはステージ7の進化レベルに相当する。ただその進化の過程は、一般のパターンとは少し違うようだ。「青信号」や「青々とした緑」という表現からわかるように、日本語では青はもともと緑も含む広い概念で、緑よりも起源が古いと推測されるからである。

日本語の白黒赤青の四色が別格なことは、言葉そのものが語っている。というのも、これらはどれも白い、黒い、赤い、青いのように「い」をつけるだけで形容詞にすることができる。それに対して、緑や黄などそれ以外の色について、〝緑い〟や〝黄い〟とは言わない。〝緑色の〟とか〝黄色い〟のように、色であることを明示したうえで形容詞にするのである。色を表す単語として、後発だからだろう。

こうして見ると、バーリンとケイの法則はそのまま日本語に当てはまるわけではなく、緑や黄より前に、青が基本色だったと考えられる。つまり、日本語の基本色名の進化は（図

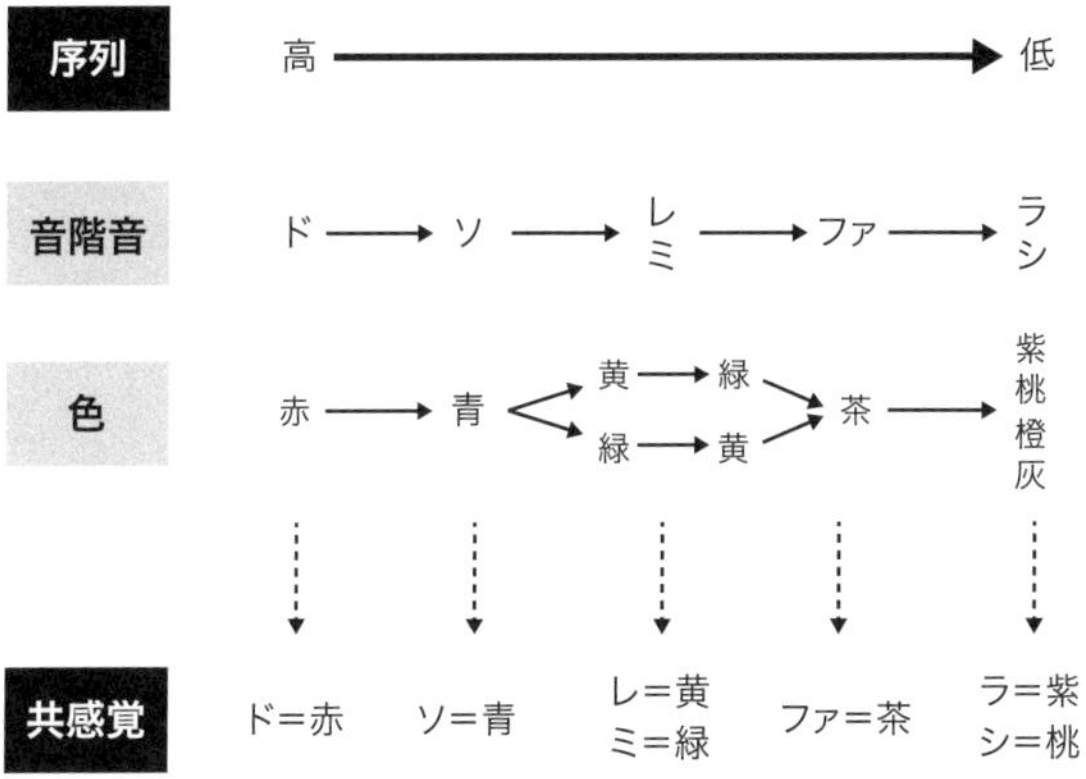

図6・4　音と色の序列の系列をすべらせるように重ね合わせると、ドレミファソラシの共感覚になる。

6・3、203ページ）下段のようになる。

共感覚の序列説

これで準備が整った。ついに、ドレミファソラシの共感覚の謎を解く、序列説の登場だ。

ドレミファソラシの音階音には、序列がある。赤や青などの有彩色にも、序列がある。この二つの序列を、ひとつの図にまとめたのが（図6・4）である（無彩色の白と黒はいったん除外するが、その理由はあとで述べる）。

この図をしばらく眺めていると、衝撃的なことに気付く。音階音の系列、あるいは色の系列を上下にスライドさせて、それぞれの系列の同じ位置の要素どうしを重ねてみるのだ。

すると、音と色の重なりが、そのままドレミファソラシの共感覚になっているではないか。

序列の最も高い音が、序列の最も高い色と結びつくと、ドを赤に感じる共感覚になる。音階音の二番手はソで、基本色の二番手は青だが、ソの共感覚色は青である。次の三、四番手も、レとミがセットで黄と緑に対応している。五番手以降を見ても、ファの茶（暗い橙）、ラの紫、シの薄い赤紫（桃に近い）に至るまで、すべてうまいこと対応が付いている。

これが筆者の考えた、ドレミファソラシが七色になる共感覚の仕組みである。音と色という二つの感覚が、キャラの序列という抽象的な属性を介して間接的に結びつく。つまり、ドレミファソラシの七色が虹のように見えるのは、ある意味、偶然の結果なのだった。

この序列説が正しいかどうかわからない。しかし少なくとも、これまで検討したどの仮説よりもパワフルで有力な仮説である。説明力が圧倒的に高いのだ。

まず、レはレモンだから黄などと、個々の音を個別に扱うのでなく、ひとつの原理で全体をいっきに説明しきってしまう良さがある。そして何より、学習説で問題になった、いったい誰が最初に音に色を付けたのかという「鶏が先か、卵が先か」の問題を回避している。

そのうえ、これまで解釈の難しかったファとラとシの個人差の現象も、合理的に説明してしまうのだ。研究結果では、音階音の共感覚色はド・ソ・レ・ミなど序列の高い音ほど個人差が少なく、ファ・ラ・シのように序列の低い音ほど個人差が大きかったが、これは序列説からすれば当然だ。なぜなら、序列が高いほど個性（キャラ）が強くて序列の差も明確だが、序列が低くなると序列そのものの差が付けにくく、そこに個人差が生じる余地が生まれるからである。結婚式などで席を決めるときに、数名のＶＩＰ以降の序列が付けられなくて苦労したことはないだろうか。同じことが音階音や色にも当てはまり、序列が下位になるほどキャラも序列も曖昧になるのである。

さらに、ドレミファソラシの共感覚だけでなく、「一番目は赤」や「代表格は赤」というよく知られた現象の説明にもなっている。そのうえ、これらの法則をより大きな視点からとらえて、二番手以降にまで拡張しているのである。

「高い音が明るい」ことの説明

ところで、先の説明では白と黒を除外した。序列の一番高い色を抜いたうえで、残った有彩色だけを音階音と照らし合わせたのだ。ずるい！　と思われても仕方ない。ドやソに対応するのは、赤や青でなく、白や黒ではないのかという反論である。

いや、そうではない。色ではなく、むしろ音の系列でこそ、ドより序列の高い要素が抜けていたのだ。そちらと帳尻を合わせるために、止むを得ず、白と黒を抜いたに過ぎない。

では、ドよりも序列の高い要素とは何か？

ピッチハイトである。ピッチの螺旋モデルを覚えているだろうか（第四章）。音の高低の直線的な感覚にオクターブ等価性の原理を持ち込むと、音高の感覚は螺旋になる。このとき、高い低いという音高の感覚を表す次元がピッチハイトで、音から音高の情報を剥ぎ取った後に残る回転性のドレミファソラシの感覚がピッチクラスだ。

ピッチハイトの方が、ピッチクラスのドレミファソラシよりも序列が高い。なぜなら、ピッチハイトが原始的な音高の感覚そのものなのに対して、ドレミファソラシは言語が絡む高次概念だからである。ピッチハイトがあってこその、音階音である。ピッチハイトは赤ちゃんや動物でも感じるが、ドレミファソラシはそうではない。

だから、音の序列がドから始まるように書いていたのは、あくまでも音階音に限定した話であって、範囲を広げれば、単純な音の高低にあたる原始的なピッチハイトの感覚こそが、最も序列が高いのである。

そこで、音の序列にピッチハイトを加え、同じように色の序列にも白黒を加えて、あらた

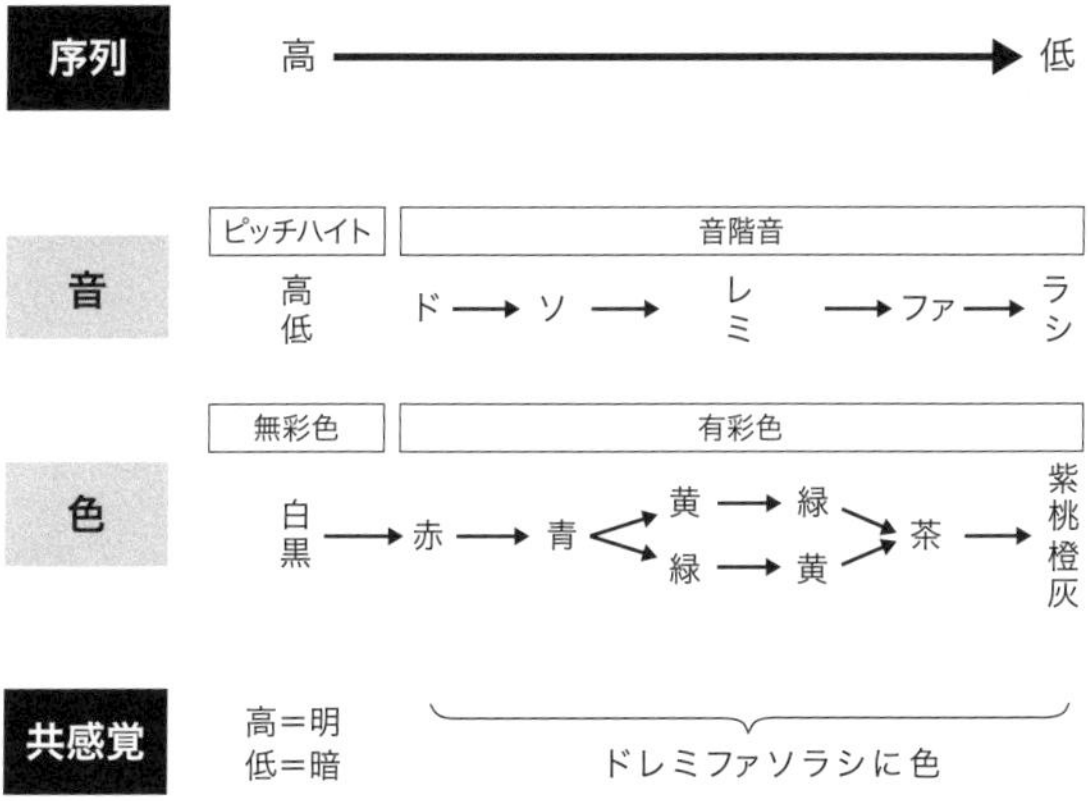

図6・5　ピッチハイトや無彩色に拡張された序列説。音高の知覚をひろくとらえると、ピッチハイトの方がドレミファソラシよりもさらに序列が高い。そのため、序列一番手どうしであるピッチハイトと白黒（明暗）が、共感覚で結びつく。

めて序列の全体像を描き直したのが（図6・5）である。ここでは、音で最高序列のピッチハイトの高低は、色で最高序列の白黒（明暗）と共感覚で結びつく。これは、高い音は明るく感じ、低い音は暗く感じるという、よく知られた共感覚現象そのものである。

こうして序列説は、音階音の共感覚だけでなく、ピッチハイトと明暗の共感覚まで、ひとつの原理で統一的に説明してしまうのである。

結論

こうしてドレミの共感覚は、序列という概念で説明できることがわかった。ただし、これは決して、それ以外の要因を排除するものではない。例えば、「♪レはレモン」のような歌詞や、小さい頃に音楽教室で使った色付きの鍵盤は、共感覚に何らかの影響を与えたとしても何の不思議もない。

ただ、こういった要因は、あくまでもそれぞれの音についての個別の事情にとどまる。それに対して序列説は、ドレミファソラシの共感覚の全体を根本から説明するグランドデザインの原理だ。そして、この二つは問題なく共存し得る。つまり、序列の対応という基本原理のうえに、学習経験などの個別の事情が重なることで、ひとりひとりの共感覚が形成されると考えるのである。すると結果として、個別要因による個人差がありつつも、集団レベルでは一定の傾向が見え隠れすることになる。

序列説の弱みは、音や色の序列をどう決めるかに恣意性があることだ。そもそも序列というもの自体が、主観的で曖昧だ。個人差があるし、ひとりの個人の中でさえ、そうはっきり決められるものでもない。だから、これからいくら研究が進んだところで、音階音や色の序列が、いつか詳細にはっきり確定することもないだろう。北半球では北に行くほど寒い。これは原則としては正しいが、実際の気温は標高や海流に影響を受ける。これに似て、序列説も、あくまでもゆるい原則論である。

まとめると、ドレミファソラシの共感覚は、序列の対応という基本原理を背景に、様々な学習要因が重なることで形成されるというのが、最終結論である。

＊1　ここでのドは表面的には音名のド（C）を指しているが、階名のドとしての意味も含んでいる。というのは、ピアノの習い始めではハ長調が前提のため、音名としてのドレミを習うことは、同時に階名としてのドレミを習うことと重なっているからである。

＊2　カラオケでキーを変えるのと同じこと。

＊3　石桁真礼生、末吉保雄、丸田昭三、飯田隆、金光威和雄、飯沼信義（１９６５）『楽典―理論と実習』音楽之友社

＊4　クラシック音楽の用語。ポピュラー音楽ではドミナントモーション。

＊5　しつこいが、ここでいうドとソは階名なので、例えばヘ長調（Fメジャー）ならFが主音のドで、Cが属音のソとなる。

＊6　これら四音の音列はテトラコルドといい、古代ギリシアの音組織理論の基本単位である。

＊7　Berlin & Kay. Basic Color Terms: Their universality and evolution. University of California Press. (1969).

＊8　また七である。基本色名の進化のステージが七段階であることと、虹が七色であることは意味が違うことに注意。

第七章

七の壁

カモメ

こうして音階や虹のことを考えていると、カモメの顔が何度もちらちらと頭に浮かんだ。チドリ目カモメ科カモメ属のいくつかの種は、北極圏を縁取るように円状に分布する輪状《りんじょう》種《しゅ》だ。輪状種というのは普通の種とは概念が少し違い、連続的に変化する複数の種がつくるグラデーションである。生息域が隣接する種が交雑することで、羽根の色や体の大きさなどといった特徴が地理的に少しずつ変化する。こうして遺伝子が円状の分布域に沿って徐々に連続的に変化することで、種と種の境界が曖昧になる。そして、そのような連続的な変化が積み重なることで、輪の両端では互いに交雑できないほど、明確に異なる種になってしまう。

輪状種では、種と種の境目をはっきりと決めるのが難しい。いっそ全体を大きなひとつの種とみなしたくもなる。しかし、両端では同じ種とは言い難いほど特徴が異なり、交雑もしない。つまり、輪状とは言いながら、輪は閉じないのである。とすると、さすがにこれをひとつの種とみなすわけにはいかないだろう。そこで、円を人為的に区切り、いくつかの種に分類することになる。

こうして分けられたカモメの種は、七つである（図7・1）。

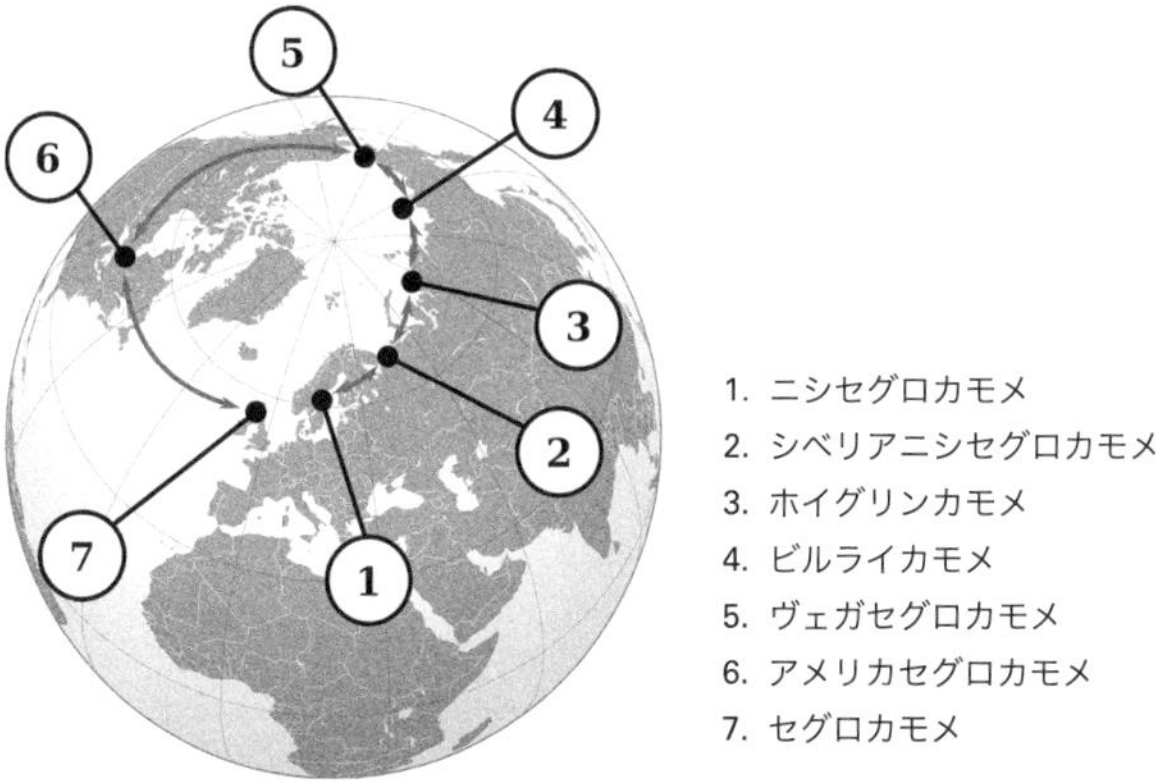

図7・1　輪状に分布する北極圏のカモメ七種。両端の①と⑦以外は隣同士で交雑する。（図：Frédéric MICHEL / 原図はカラー）

ヤクシマザルはド♯

キリンやゾウなどを動物園で見ると、種と種の違いは生物学的に明確で、その境界は柵で区切られたようにはっきりしているように感じられる。しかし、それは必ずしも正しい理解ではない。

例えば、ニホンザルとタイワンザルとアカゲザルは素人には区別がつかないほど外見が似ていて、一緒に住めば子孫も作るが、それでも分類上は別の種である。なぜこれらのサルが違う種かというと、生息域である日本と台湾と中国が海で隔てられていて自然には交雑しない、というのが根拠である。生殖的隔離がある（子孫を増やせない）ことが種の一般的な定義であり、この隔離には地理的な要因によるものも含まれる[*1]。

さて、屋久島に生息するヤクシマザルは、本土のニホンザル（別名ホンドザル）とは生物学的には生殖可能ながら、海によって地理的に断絶している。すると先の理屈では、生殖的隔離があるのだから、ホンドザルとは別の種として良さそうだ。よく観察すれば、外見だって違う。しかしそれなのに、ヤクシマザルは独立した種ではなく、ニホンザルの亜種とされる。

カモメやヤクシマザルのことを考えると、種とはいったい何なのかよくわからなくなってくる。実は、種と種を区切る明確な境界は、厳密に客観的に存在するわけではない。そもそも、ひとつの種の中においてさえ無限とも言える個体差がある。それを、このくらいの個体差までは同じ種だが、それ以上違うと別の種だというふうに、人の主観的な判断で境界を決めているに過ぎない。人がその生物をどの程度詳しく見るかによって、細かく分けられる種もあれば、おおまかにくくられる種もある。

だから種の分類は、オクターブの円を音階に区切ったり、光のスペクトルを虹色に分けたりするのと、たいして変わらない作業なのだ。そう考えると、ヤクシマザルが亜種という中途半端な位置付けの理由も理解できる。先に分類が確立した種ほどの大きな違いはないが、それでもやはり、あとからニホンザルとは区別したくなったのだ。事実、先のサルたちの学名登録は、アカゲザル１７８０年、タイワンザル１８６３年、ニホンザル１８７５年、そして、ヤクシマザルはずっと遅れて１９４１年である。

だから、本土のニホンザルを「ド」とするなら、ヤクシマザルは「ド♯」のような存在と言える。ドを半音高めた「ド♯」という音は、臨時記号の♯を付けることで、これがドから派生した亜種であることを宣言している。「レ」のように、別の種とはみなさない。

こうして見ると、音階でも、虹でも、生物の分類でも、我々はいつも結局「同じこと」をしているのがわかる。

概念化とカテゴリー化

その「同じこと」とは、言語による概念化と、概念のカテゴリー化である。

言語による概念化とは、対象に名前を与えることによって境界の定まった概念が生まれることだ。例えば、ニホンザルという言葉があることで、我々はニホンザルとニホンザルでないものを区別する。そして、こうした複数の概念を共通項でひとつにくるのが、概念のカテゴリー化だ。ニホンザルやアカゲザルやタイワンザルは、サルというカテゴリーでくくられている。

ここで大切なのは、概念やカテゴリーは決して静的に固定されたものではなく、時間とともに変化するということだ。すなわち、新しい概念が生まれることで、その概念を含むカテゴリーが大きくなる、あるいは細分化するように変化する（概念が消滅することもあるが、そのような例はここでは扱わない）。

この変化は、二つのまったく異なる時間スケールで起こる。ひとつは、世代を超えた言語の変化として現れる、カテゴリーの「進化」である。一九五〇年代に生まれたロックという音楽は、その後、ハードロック、パンクロック、プログレッシブロック、ヘヴィメタルなど多くのサブカテゴリーに分かれていった。サルの種や亜種の数も、学術研究の進展とともに増えていく。男女という二者択一の概念だった性の概念は、この頃ＬＧＢＴの加わった六種類に増えつつある。そして、バーリンとケイが示したように、色名のレパートリも長い時間をかけて一定の順序で増えていく。

もうひとつは、ひとりひとりの人間における、カテゴリーの「発達」だ。若者は、まずロックという音楽カテゴリーがあることを知ったうえで、次に、先に挙げたような様々なサブカテゴリーを聴き分けるようになる。小学校では国算理社の四つだった科目も、中学、高校、大学へと進むにつれて、英語、倫理、心理学などとその数は増える一方だ。洋服と言えばシャツとズボンくらいしか知らない男の子も、おしゃれに目覚めればシャツだけで何種類もあることを知る。

この二つの変化、すなわち進化と発達は、どことなくパラレルに見える。個体発生は系統発生を繰り返すというエルンスト・ヘッケルの説を思い出す人もいるだろう。確かにこの二つはあくまでも別の現象だが、互いに完全に無関係ということでもない。例えば、色名の進化の名残の「青々とした緑」という表現は、子供が青という言葉の意味を覚えるのに影響するに違いない。このパラレル性の問題には深入りしないが、いずれにせよ、カテゴリーの要素の数は徐々に増えるという一般的な傾向があることが、ここでのポイントである。

序列による差異化と共感覚

こうして、ひとつのカテゴリーにたくさんの要素が含まれるようになると、我々はその状態を指して「色々ある」と表現する。色々な白シャツや、色々な豆腐といった言葉は、視覚的な色は同じなのに、それでも色で区別するというのだから、まるで共感覚のようで面白い。

そもそもカテゴリー内の要素は、多くの場合、色以外の何らかの特徴によって互いに区別されている。白シャツは襟の形や生地などでいくつにも種類が分けられるし、音楽は楽器やリズムや音階の使い方などでジャンルが区別される。もちろん、色鉛筆のように色そのもので区別される場合もあるが、カテゴリー内の要素は、とにかく何らかの特徴によって差異化されている。

しかし、ふと気付いたのだが、こうした個別の具体的な差異化の物差しをすべて超越したレベルに、序列という、もうひとつ別の抽象的な差異化の基準があるように思うのだ。というのは、カテゴリー内の要素は、必ずしもフラットで対等な関係とは限らず、むしろそうでないことの方が多い。例えば、黄と緑があるからこそ、中間色の黄緑が存在する。これは、黄緑よりも、黄と緑の序列が高いことを意味する。同様に、ニホンザルがいてこそ亜種のヤクシマザルがいるのであって、決して亜種が先ではない。

このように、カテゴリーの進化や発達では、先に意味の確定した要素との関係から、あとから加わる要素の意味が相対的に定まることがあり、ここに序列が生じる。逆に言えば、あとから加わるものの意味が、先にあるものの意味を前提とするような主従関係があるとき、その関係のことを序列と呼んでいる。

そして、この序列に色が付くというのが、共感覚の序列説だった。

共感覚の序列説

要素がカテゴリーを形成するからには、そこに何らかの共通性がある。しかし同時に、個々に違いがあるからこそ、要素は別々の概念として区別される。このように、共通性と差異化の絶妙なバランスにおいて、カテゴリーが成立している。

しかし唯一、他の要素との相対的な関係からではなく、絶対的な概念として誕生し得るのが、カテゴリーの一番目の要素である。最初のアルファベットを習う前に、アルファベットという概念は存在しない。Aを学ぶと同時に、アルファベットという概念が誕生するからだ。ピアノ教室で最初にドを習えば、それが音階という概念の誕生の瞬間だ。もしいつか人類が宇宙人と遭遇すれば、そこで初めて宇宙人という新種（?）のカテゴリーが誕生する。

このように、新カテゴリーの誕生の瞬間においては、カテゴリーとその唯一の要素は同一である。こうして一番目の要素は、カテゴリーの代表格としての地位を確立する。そして、この唯一無二の存在としての代表格に赤い色が付くのが、「代表格は赤」の法則である。もし二番目の要素がカテゴリーに加われば、それは青になる。さらに三番目や四番目の要素は、緑や黄に色分けされる。このようにして、高序列の要素には高序列の色、低序列の要素には低序列の色が付くのが、共感覚の序列説だ。

序列説はもともと、ドレミファソラシがなぜ虹色のようになるのかを説明するために思いついた。ドレミファソラシには、音楽的な意味でのキャラに序列があり、一方、赤や青などの有彩色にもバーリンとケイによって発見されたような序列があり、これらの序列が重なり合うようにして共感覚が生まれるという説明である。

しかし、ふと周りを見渡すと、序列説はドレミファソラシの共感覚だけでなく、もっとはるかに幅広い現象に当てはまることに気が付いた。カテゴリー内の概念を区別するのに、我々は抽象的な意味での「色」を潜在的に利用している。そして、その色分けがどうされるかは、序列説が予測する通りなのである。実例を見ていこう。

白と黒

まず、そもそもの話として、暗闇では色は区別できない。つまり、赤や青などの有彩色の色分けが可能な前提として、まずは光が必要である。その意味で、光の有無、すなわち明暗を表す白と黒は、どの有彩色よりも序列の高い別格の色と言える。バーリンとケイの調査でも、この二色を表す色単語のない言語は世界にひとつも存在しなかった。

白黒（明暗）の二色は、セットで機能する。すなわち、白地に白い字や、黒地に黒い字では何も書いていないのと同じなように、白と黒のコントラストで初めて物や概念の存在が浮かび上がるのである。磁石にN極がなければS極もなく、無という概念がなければ有という概念もないように、白と黒は対となって概念の存在を定義する。

そして、こうして白黒で定義された概念がいくつか集まるとカテゴリーが形成される。すると、カテゴリー内の白黒の要素を互いに区別するために、有彩色が付く。

最初の有彩色は赤

その最初の色が赤だ。

白い紙に書かれた黒い文字を、標準と非標準の二種類に分けるなら、黒と赤の二色を使うのが一般的だ。それで色鉛筆と言えば、まず赤鉛筆のことを指すのである。「赤点」や「赤字」がなぜ赤いのかも、標準と非標準の区別という同じ原理で説明できるし、真っ赤な嘘という表現も、真実と嘘という二つの概念の色分けと考えれば、何となく腑に落ちる。赤の他人とは、馴染みの仲間を黒として、それ以外の人という意味である。

オーディオ機器のＶＵ（volume unit）メーターは、録音の音量が大きすぎると針が赤い区域を指して注意を促す。車のアクセルを思い切り踏み込めばエンジンの回転数がレッドゾーンに突入し、給油を忘れれば燃料計の針が赤い領域に落ち込む。つまり、計器の数値が基準内か基準外かという区別にも、赤が使われる。数値の異常を目立たせるなら、ショッキングピンクなど他の色でも良い。しかし、そのような序列の低い色を使っては、商品にキワモノ感が出てしまう。

お祝いの饅頭《まんじゅう》は紅白に色分けされ、そういえば最近見ないが、あんまんと肉まんを外見から区別するには、皮に付いた小さな赤い点が目印だった。一風堂ラーメンの二つの看板メニューも白丸元味と赤丸新味で、こちらは器の色が赤と白である。

ところで、白味噌と赤味噌は、どちらも厳密には白くもなければ赤くもない。薄い茶色と濃い茶色といったところだろう。それをざっくりと白と赤の二色で区別するアバウトさこそ、典型的な序列説による色分けである。物理的な色を正確に表すというより、概念の区別のための、抽象的な色分けとしての、白味噌と赤味噌なのだ。

二色なら赤と青

赤の次には、青が加わる。

色鉛筆といえば赤だが、もう一色足すなら次は青と相場が決まっている。その象徴が、赤青二色のハイブリッド色鉛筆だ。この色鉛筆はいつも赤が先になくなって困っていたところ、赤と青の比率が7：3の商品を見つけて、まさに！　と膝を叩いた。序列の違いが、長さの比として視覚的に表現されている（口絵8）。

NHKの人気番組「チコちゃんに叱られる！」によると、カスタネットが青と赤なのは、男の子用の青いカスタネットと女の子用の赤いカスタネットを別々に在庫管理するのが面倒で、男女兼用のモデルを考案したのが起源だという。ここで、女性の赤はともかく、男性の外見のどこかが青いわけではない。だから男女の色分けも、あくまでも概念上の心理的なものであることがわかる。架空の存在である鬼が赤だったり青だったりするのも、これが概念の区別のための色分けだからである。

いつ誰が決めたか知らないが、世界中のヘッドホンやイヤホンは、左耳が青、右耳が赤に色分けされている。無論、デザインを優先して無彩色で左右を記してあることも多いが、健康診断の聴覚検査用ヘッドホンや、プロミュージシャン御用達のＳＯＮＹ製スタジオヘッドホンなど、左右の区別が大切な商品はほぼすべて、左が青で右が赤に色分けされている。これももちろん、概念の色分けである。右と左のどちらの序列が高いかは諸説あるが、「左遷」や「右に出る者はいない」といった日本語や、英語の right には正しいという意味があることなどから右の上位が推測され、右が赤なのはその通りの色付けである。

筆者の通った小学校では、運動会は赤組と白組の二チームに分かれていた。それから数十年後、筆者の子供の小学校では白と赤と青の三つ巴の戦いだ。これも、序列説の通りの色分けである。

三色なら赤青緑か赤青黄

要素が三つになると、三色目に緑か黄が登場する。

三色ボールペンは黒・赤・青だが、四色ボールペンではこれに緑が加わって、黒以外の三色が赤・青・緑となる。端午の節句の鯉のぼりも、上から黒、赤、青の三匹が標準で、更に一匹追加するなら緑である。また銀行のコーポレートカラーは、三菱ＵＦＪ銀行が赤、みずほ銀行が青、三井住友銀行が緑だ。三大メガバンクが序列トップスリーの三色をしっかり握っているのは、あまりにも序列説の通りで、思わずニヤリとしてしまう。

緑と黄は序列が拮抗しており、緑の代わりに黄が入る組み合わせも珍しくない（ただし、背景が白い場合は、視認性を高めるために黄が橙に近い色になることが多い）。ベネッセやユニマットのロゴはこの三色が主役だ。道路の交通標識も赤と青と黄で、大まかには赤が禁止や制限、青が通行規則、黄が注意喚起という意味の区別がある。寺院などで見かける仏教の五色幕は、黒・白・赤・黄・青が世界標準だが[*2]、これはお釈迦様の五つの教えを表しているとのことなので、明らかに概念の色分けである。

音大生が和声を勉強する古典的定番の教本三巻セット（通称、芸大和声）は、表紙が三色に塗り分けられていて、第一巻から順に赤本・黄本・青本と呼ばれている。[*3] ただし、第三巻の表紙はくすんだ緑で、誰がどう見ても絶対に青ではない（と思う）。それでも構わず青本と呼ばれてしまうのが、序列説の威力である。

四色なら赤青緑黄

四色では、黄と緑がそろって加わって赤青緑黄となる。これは極めて頻繁に見られる色の組み合わせで、デジタルＴＶのリモコンのカラフルなボタンや、五輪のシンボルマーク、それにウィンドウズやGoogleのロゴなどでお馴染みだ。

トイザらスのロゴに象徴されるように、おもちゃやゲームでの人気も高い。ＵＮＯなどのカードや各種ボードゲームの駒やピースは、この四色に色分けされているものが多く、レゴなどのブロックや積み木の類も、この四色（プラス白や黒）が基本である。

学校の教科のイメージカラーも、この四色である。大学生３４０名を対象に、国語・算数・理科・社会の四教科にふさわしい色を自由に選んでもらったところ、国語が赤、算数が青、理科が緑、そして社会は黄、という結果になった（口絵9）。

これには、小学生の頃のノートや時間割の色が影響している可能性が高いが、しかしそもそも、そのノートや時間割を作った人がなぜこの色分けにしたのかが問題である。これは鶏と卵のどちらが先かを問うような問題で、永久に解けそうになく思えるが、序列説なら簡単に説明がつく。小学校で国語と算数は先に登場するので序列が高く、それから数年して導入される理科と社会の序列は低いと考えられるからだ。

　そしてさらに数年後に英語が加わって五教科になると、これは紫になる。このように、要素の数が増えると、次々と低序列の色が加わっていく。そして、概念の色分けはじわじわと虹に近付いていく。

五色から七色で虹（のよう）になる

　カテゴリーの色分けは、四色を超えると、徐々に虹のような配色に収束してくる。

　五色の例として、ルービック・キューブは白以外の五面が赤・青・緑・黄・橙なので、あとは紫があれば六色の虹が完成するところまで来ている。秘密戦隊ゴレンジャー（一九七五－一九七七年にＴＶ放映）では、リーダー戦士が赤、サブリーダーが青で、それ以外の三人が黄と緑と桃だった。紫ではなく桃の入るところが虹とは違うが、赤青緑黄のトップ四色より低い序列の色が入れ替わりやすいのは、ドレミの共感覚で見られたのと同じ現象で[*4]、その意味ではまさに序列説の予想通りである。

そして六色や七色で、ついに虹（らしきもの）が完成する。ＬＧＢＴのシンボルのレインボーフラッグは、赤・橙・黄・緑・青・紫からなる六色の虹そのものだ。ヨーガではチャクラというエネルギースポットが体に七か所あり、下から順に虹の七色があてがわれる。

こうして様々な色分けを見ていると、ドレミファソラシが虹色のようになるのは、意外というより、むしろ、いかにもありそうな当たり前のことに思えてこないだろうか。

七の壁

ただし、この色分けは七色で限界を迎える。七の壁を超えると、色が尽きるのだ。

もちろん、色そのものは無数にある。しかし、これがあくまでも差異化のための色分けなのだとすると、互いに明確に区別できる有彩色の数はそれほど多くない。この数が実質的に七つ程度であることは、空の虹が八色以上にならないことをはじめ、様々な例が実証している。

抵抗器

数値	色	
1	茶	七色
2	赤	
3	橙	
4	黄	
5	緑	
6	青	
7	紫	
8	灰	無彩色
9	白	
0	黒	

競馬

8頭立て

枠番	馬番	帽色
1	1	白
2	2	黒
3	3	赤
4	4	青
5	5	黄
6	6	緑
7	7	橙
8	8	桃

9頭立て

枠番	馬番	帽色
1	1	白
2	2	黒
3	3	赤
4	4	青
5	5	黄
6	6	緑
7	7	橙
8	8 9	桃

10頭立て

枠番	馬番	帽色	
1	1	白	無彩色
2	2	黒	
3	3	赤	六色
4	4	青	
5	5	黄	
6	6	緑	
7	7 8	橙	
8	9 10	桃	

図7・2　抵抗器の抵抗値や、競馬の騎手の色分けに使われる有彩色の数は、七を超えない。

例えば、電子部品の抵抗器のカラーコード。これは抵抗値（オーム）を表すのに、0から9までの数字を黒・茶・赤・橙・黄・緑・青・紫・灰・白の十色で表現しているが、このうち黒・白・灰の三つは無彩色なので、有彩色は七つである（図7・2）。

競輪の一レースに出場する選手は最大九名で、ユニフォームの色分けは一番車から順に白・黒・赤・青・黄・緑・橙・桃・紫と決められている。ここでもやはり、有彩色は七つだ。ちなみに最後の紫を抜くと、オートレースの八つの車番の色になる。そして、そこからさらに最後の橙と桃を抜けば、競艇の六艇の色分けとなる。このように、要素の数が減ると低序列の色から順に抜けていく。逆に言えば、高序列の色が常に優先されるのである。

さて、困るのが競馬だ。日本中央競馬会の規定では、競馬では最大で十八頭まで出走できることになっていて、実際に行われるレースも十頭を超えるものが過半である。数が多いのだ。とすると、騎手の色分けはどうするのだろう。

それでもやはり、有彩色は六つまでである。足りない分は、同じ色の騎手をダブらせることでやり繰りする。競馬での騎手の帽子の色は、枠という概念で区切られていて、1枠＝白、2枠＝黒、3枠＝赤、4枠＝青、5枠＝黄、6枠＝緑、7枠＝橙、8枠＝桃となっている。そして、この八枠を超える九頭立て以上のレースでは、ひとつの枠に複数の馬（騎手）が収められ、同じ枠なら同じ色の帽子を被る（図7・2、前ページ）。つまり、いくら出走頭数が増えても、有彩色は六つまでなのだ。

七の壁を超えると

このように、有彩色による色分けは六、七色で限界を迎える。アイドルグループも、King & Prince、Kis-My-Ft2、ジャニーズWESTのように六、七人まではメンバーカラ

[*5]ーがあったとしても、ＴＷＩＣＥ（九人）のようにそれを超える人数では、それは設定されないか、仮にあったとしてもファンには認知されにくいように思う。

そして、（こちらはアイドルではないが）仮面ライダーのショッカー戦闘員やスター・ウォーズのストームトルーパーのように七人を大きく超えると、ついに色分けを放棄することになる。色分けしないということは、キャラの区別をしないということだ。つまり均一で無個性な集団なのだから、「色々な」ショッカー戦闘員という表現がどこかおかしいのも納得である。

そういう意味で、ＡＫＢ48や乃木坂46などの大所帯のアイドルグループは、ショッカーと少し似ている。粒ぞろいの可愛い子が大勢で踊る様子は、まるでイワシの大群の泳ぎを見るようだが、このパフォーマンスの独特な魅力の源は、大勢が同じ衣装でそろって動く量感と均一性にある。だから、こうしたアイドルグループがメンバーの個性を打ち出すには、選抜やチーム分けで人数を減らし、曲ごとにセンターを明確にし、さらには人気投票の選挙までして、差異化と序列化を図る必要がある。そうして初めて、ひとりひとりのキャラが浮き立つのである。

もちろん、ビッグバンド・渋さ知らズ大オーケストラのように、数十人という大人数になっても個々の色付けと個性を失わない選択肢もある。ただし、この路線の行き着く先は、次に何が起こるかわからないカオスのようなパフォーマンスであって、均一感と統制こそが前提のＡＫＢ48とは真逆の表現である。

概念色

世界の言語には、数量を表す言葉が二や三までしかなく、それ以上は「たくさん」と表現されるものがある。もちろん我々にはもっと多くの数量を表す言葉があるが、同一カテゴリーの要素を区別するという脳機能についていえば、その容量は決して無限ではない。すなわち、一から七までは個別に要素を区別するが、七の壁を超えると、同じものがたくさん、というとらえ方になってしまう。

七の壁の内側で、概念の色分けに使われる抽象的な色を、概念色と呼ぶことにしよう。例えば、ヘッドホンの左右が青と赤で区別されたり、デジタルＴＶのリモコンのボタンが青赤緑黄に色分けされたりするのが概念色で、これは空が青かったりトマトが赤かったりする物体色とは、まったくの別物である。その証拠に、これら二種類の色はしばしば一致しない。

青信号の物体色は緑だが、その概念色は青である。赤の他人は、青い服を着ていたって良い。静脈血は決して図に描かれるように青くはなく、はっきりと赤い。

　概念色の極端な例に、生まれつき（もしくは生後早い時期から）目の見えない先天盲における「色」がある。こうした人は、りんごが赤いことやバナナが黄色いことを、視覚ではなく、言語を介した概念として理解している。そして興味深いことに、こうして獲得した概念色は、健常者のそれとほとんど変わらない（口絵10[*6]）。

　こうした概念色の知識が処理される脳部位は、先天盲かどうかにかかわらず、左半球の側頭葉前部にあるようだ。視覚健常者において、この脳部位は、物体色を処理する視覚野と、言語を処理する言語野の両方とつながっている。つまり、感覚情報としての物体色と、言語情報としての概念がここで統合されて、概念に色が生じると考えられる。

　しかし先天盲では、概念色を処理する左側頭葉前部は、言語野としかつながっていない。それにもかかわらず、これまで一度も視覚でとらえたことのない野菜や果物の概念色は、視覚健常者とほとんど変わらないのである。つまり、概念色の形成に、物体色は必ずしも必要でないということだ。これは逆に言えば、視覚健常者の概念色も、かなりの程度、言語で決まっていることを示唆している。

概念色の逆投影

こうして見ると、物体色のないものに色を感じることがあってもとくに不思議ではない気がしてくる。実際、そのようなことは、脳の視覚処理で日常的に起こっている。

ヘッドマウントディスプレイで３６０度のバーチャルリアリティの風景を提示するとき、風景映像から部分的に色を抜いてみた実験がある。[*7] すると条件によっては、視野全体の95%から色が消えて無彩色になっても、被験者はそのことに気付かなかった。つまり我々が視覚でとらえている（と思っている）風景の色は、かなりの程度、実際の物体色とは違うということである。

とすると、現実の風景で森が緑で空が青く見える（と思っている）のも、概念色が物体色に逆投影されているだけなのかもしれない、と疑わしくなってくる。実際、もともと物体色がある場合でさえ、それが概念色の逆投影で上書きされてしまうことがある。緑色の青信号を青だと感じるのもそうだし、空の虹が七色に見えるのは、我々の知識として概念色がそのように見えさせているとも言える。

それに、肌に浮き立つ静脈を我々は青いと感じるが、その実際の物体色は黄色がかった灰色である。この事実を発見した立命館大学の北岡明佳によれば、これは肌の色との対比による錯覚のせいで血管を青く感じるとのことだ。ただ、生物学や医学の教科書に描かれるように、静脈血は青いという強固な概念色があることを踏まえれば、これも概念色の逆投影ではないかと疑ってしまう。

面白いのは、概念色だけが先にあり、それが物体色として現実化するケースである。二つのチームを分ける紅白は、メンバーの区別のための抽象的な色なのだから、物理的実体とは無関係な概念色に違いない（だから、青と黄のビブスで色分けしても紅白戦と呼ばれる）。しかし、このあくまでも架空の概念色は、小学校の赤白帽という特殊な被り物として実体化しているのである。同様に、お手洗いの赤と青のシンボルも、男女の区別を示す概念色が現実の物体色に現実化してデザイン化されたものだ。もちろん、いったん赤白帽などが作られてしまえば、それは正真正銘の物体色である。しかし、これらは自然界にもとからあったのではなく、あくまでも人造物なのだから、その色は概念の区別のための概念色だということになる。

概念色から物体色への逆投影がこれほど普遍的だとすると、我々の感じている（と思っている）色が、いったい物体色なのか概念色なのか、よくわからなくなってくる。

概念色と共感覚

そして、このような概念色の逆投影が「ＡＢＣ」や「あいうえお」などの文字に対して起これば、これこそが色字共感覚に他ならない。アルファベットなら二十六種類、仮名ならその倍程度の数の文字が、運動会のチーム分けのように何色かの概念色に色分けされているとする。その概念色が文字に逆投影することで、文字が色を持つのである。ただしキャラの薄い文字はどのチームにも色分けされないので、共感覚色を持たない。

本書の主題であるドレミファソラシの共感覚も、まさにこの仕組みで説明できるのだった。主音や属音などの音階音のキャラを区別するための概念色が、音や音名に投影することで、ドレミファソラシが虹色のように〝見える〟。

このように、概念色の投影は視覚だけに起こるわけではない。概念色は、あくまでも抽象的な概念としての「色」なので、ドレミや調性のような音楽概念のほか、聴覚や味覚などの感覚、文字や単語といった言語情報にも投影が可能だ（視覚の物体色に投影する以外の場合は、「逆投影」という言葉は適さないので、単に「投影」とした）。つまり、左側頭葉前部における高次処理で、概念が抽象的な意味で色分けされると、その概念色が、視覚やそれ以外の感覚や他の高次概念に投影されることで、そこに「色」が付与される。これが、広い意味での共感覚の基本原理ではないかと想像している。

先生はピンクです

概念色のパレットには、七色までしかない。脳機能の制約のため、我々がカテゴリーの要素を区別するには七の壁があり、だからこそ、音階音や虹の色から、輪状種のカモメやAKBの神七に至るまで、これほど多く七という数が出て来るのである。

概念色のパレットは虹色のような配色だ。なぜ虹に似るのか、不思議といえば不思議だが、案外、これは必然ではないかという気もする。自分でやってみるとわかるが、差異化のため、互いの色の違いをはっきりさせるという縛りを付けて七色を選ぶと、虹色のようにする以外、ほとんど選択の自由がないのである。すべて赤系や青系などでなく、なるべく主観的に均等な間隔で色を選ぼうとすると、どうしても、なんとなく虹のような配色になってしまって、それ以外の選び方は逆に難しい。

だから何を色分けしても、数が増えれば、自然に虹色に収束してしまう。要素の数が少ないうちは、序列の高い赤や青で色を分ける。五つ六つと増えてくると、緑や黄そして橙や紫が登場する。最後は、藍やピンクといった低序列の色を使わざるを得なくなり、結果として全体がなんとなく虹のようになる（ただしこれは、空にかかる虹とは似て非なるものである）。そしてついに七色を超えると、ＡＫＢ48やショッカーのように、色分けそのものを放棄するのである。

ここまでたどり着いてようやく、共感覚者のTさんに「先生はピンクです」と言われた真意を理解した。私の序列は、低めだったのだ。

＊1　ただし、種の定義はこれ以外にいくつもある。

＊2　ただし日本では、黒が紫、青が緑へと置き換わり、紫白赤黄緑の五色が多い。

＊3　島岡譲（執筆責任）「和声—理論と実習Ⅰ、Ⅱ、Ⅲ」音楽之友社、１９６４、１９６５、１９６６

＊4　序列の高い「ド・レ・ミ・ソ」に対する「赤・黄・緑・青」には個人差が少なく、序列の低い「ファ・ラ・シ」の色には個人差が大きかった。舞台や映画の配役もそうだが、序列が低いキャラほど入れ替えが容易である。

＊5　メンバーひとりひとりを区別するイメージカラー。ライブではファンは推しのメンバーのイメージカラーのペンライトで応援する。

＊6　Wang X, Men W, Gao J, Caramazza, & Bi. Two forms of knowledge representations in the human brain. Neuron 107, 1-11, 2020.

＊7　Cohen M, Botch TL, Robertson, CE. The limits of color awareness during active, real-world vision. PNAS 117, 13821-13827, 2020.

おわりに

これは共感覚の本であるかのように見せかけて、カモメやニュートンやショッカーや七の不思議など、共感覚とはかけ離れた話題が大半だった。

思っていた内容と違って騙されたという方には、ごめんなさい。逆に、それが面白かったというのであれば、とても嬉しい。そして、いやいや、話題はばらばらに見えて、ずっと同じことを言っていただけではないかと思われた方がいたなら、この本は大成功である。

書くべきことは書き尽くしたので、あとがきは短い。

参考文献をすべて紹介すると膨大な量になる。これらの著者に感謝するとともに、本書の一般書としての性質を鑑み、ほとんどの出典の記載を割愛させて頂いたことをお詫びする。

事実と推測の区別が難しくなっているのが否めないが、本書は教科書ではなく、あくまでも娯楽的な読み物として、基本的にすべて疑ってくださると良い。具体的な質問があればお答えしたい。

個人的に頂いた情報やアドバイスなどのお礼も、到底、書ききれない。新潟大学脳研究所の（故）中田力先生と五十嵐博中先生は、好き勝手なことばかりしている筆者を、研究指導はもちろんメンターとしても長年にわたって支えてくださっている。世界的実績のある共感覚研究者である東京大学の横澤一彦先生と立教大学の浅野倫子先生は、この分野について素人同然の筆者を研究チームにお招きくださり（ＪＳＰＳ科研費19Ｈ０１７７０）、温かく手助けしてくださっている。

そして何より、ひとつの小さな新聞記事から筆者を発見し、丁寧なお便りで本書の執筆を勧めてくださった光文社の小松現さんには、いくら感謝をしてもしきれません。

ありがとうございました。

２０２０年　秋

伊藤浩介

本文図版制作　デザイン・プレイス・デマンド
本文デザイン　熊谷智子

伊藤浩介（いとうこうすけ）

1972年生まれ。新潟大学脳研究所統合脳機能研究センター准教授。京都大学理学部卒業、同大学理学研究科（霊長類研究所）博士課程修了。博士（理学）。日本学術振興会特別研究員、新潟大学脳研究所助教などを経て、現職。専門は認知脳科学、無侵襲脳機能計測学、霊長類学。ヒトや動物の知覚や認知の仕組みやその進化を、脳波やMRIなどの無侵襲の脳機能計測で調べている。ヒトはなぜ、音楽のように動物の生存に役立ちそうにないものを進化で獲得したのか、その謎を解きたい。本書が初の著書。近著に『絶対音感を科学する』（分担執筆、全音楽譜出版社）がある。

ドレミファソラシは虹《にじ》の七色《なないろ》？　知《し》られざる「共感覚《きょうかんかく》」の世界《せかい》

2021年3月30日初版1刷発行

著　者 ── 伊藤浩介

発行者 ── 田邉浩司

装　幀 ── アラン・チャン

印刷所 ── 堀内印刷

製本所 ── ナショナル製本

発行所 ── 株式会社光文社
東京都文京区音羽1-16-6（〒112-8011）
https://www.kobunsha.com/

電　話 ── 編集部03（5395）8289　書籍販売部03（5395）8116
業務部03（5395）8125

メール ── sinsyo@kobunsha.com

ISBN 978-4-334-04530-2

光文社新書

1121

ルポ 婚難の時代
悩む親、母になりたい娘、夢見るシニア

筋野茜
尾原佐和子
井上詞子

住職がサポートする「寺コン」、親が相手を探す「代理婚活」、コロナ禍での「オンライン婚活」など、十人十色の婚活模様と日本人の結婚観を共同通信の女性記者三人が徹底取材！

978-4-334-04528-9

1122

未来は決まっており、自分の意志など存在しない。
心理学的決定論

妹尾武治

「我々の自由意志とは錯覚であり、幻想である」――心理学、生理学、脳科学、量子論、人工知能、仏教、哲学、アート、文学、サブカルを横断し、気鋭の研究者が世界の秘密に挑む。

978-4-334-04529-6

1123

ドレミファソラシは虹の七色？
知られざる「共感覚」の世界

伊藤浩介

「真っ赤な嘘」は、なぜ赤色？・「いろいろ」は、なぜ「色々」？・音や文字に色を感じる〝共感覚〟はなぜ生じるのか。気鋭の脳科学研究者による、ヒトの認知の不思議に迫るスリリングな一冊。

978-4-334-04530-2

1124

巨人軍解体新書

ゴジキ
(@godziki_55)

ファンもアンチも日本一多い球団、読売ジャイアンツの「勝利の哲学」とは。巨人軍の21世紀のスター選手たちを振り返りながら、パ・リーグへの対抗策を考える。

978-4-334-04531-9

1125

20世紀論争史
現代思想の源泉

高橋昌一郎

現代の思想を理解するためには、20世紀の偉大な知性が議論を重ねた諸問題を踏まえなくてはならない。「教授」と「助手」が時にユーモラスに対話しながら道案内を務める知の論争史。

978-4-334-04532-6